ジャックと豆の木

創刊2号

本誌P34 ／ INTERVIEW 杉野希妃 迸る映画への情熱［なぜ映画をつくるのか］

撮影＝永島明　衣装提供＝きものやまと

ボーダーのない世界で生きていきたい――杉野希妃

『雪女』撮影＝沖真実

君はATG映画を知っているか？

066 対談
佐藤忠男×篠田正浩
ATG映画とは何だったのか、その歴史を振り返る

日本アート・シアター・ギルド(ATG)の運動と佐藤忠男、篠田正浩の活動……074

075 [日本映画大学学生との対話] 大島渚監督作品『少年』を観て

084 日本アート・シアター・ギルド（ATG）全公開作品目録

082 ATGを語る。 大森一樹 根岸吉太郎

088 座談会　ドキュメンタリー映画を考える！
ドキュメンタリー映画の流れと多様化する現在
池谷薫＋大澤一生＋熊谷博子＋中村高寛

096 INTERVIEW 山上徹二郎
映画を創るのは怒りと愛情ですね。
山上徹二郎と株式会社シグロの活動……102

104 李潤希のデザイン対話
小笠原正勝
CINEMA & PLAY ART WORKS

112 J&M ギャラリー *Lee Yuni*

114 短編小説 『楽（らくび）日』＝澤千尋

120 映画館探訪＝柳下美恵
シネマ尾道／長野松竹相性座・ロキシー

観客の映画評［わたしの映画感　わたしの映画館］……118
執筆者・スタッフプロフィール……126
第３号予告　創刊号内容　編集後記……127
資料提供……128

映画と映画館の本

ジャックと豆の木

2017年 春
創刊2号
表紙絵＝はらだたけひで

002　ポートレート＝杉野希妃

地域映画活動 軌跡と現在

006｜港町横浜“映画の灯り”

008｜INTERVIEW｜山崎洋子
映画の中に横浜の面影を探して

016｜横浜映画館今昔物語
明治から戦後の伊勢佐木町周辺の映画館
横浜映画館アルバム
1982（昭和57）年頃の横浜市内の映画館の分布
横浜単館映画館列伝

018｜PICK UP!
映画祭＆上映会in横浜

020｜映画の街 高崎 高揚する映画祭

024｜INTERVIEW｜志尾睦子
映画を観たい！
映画を見せたい！

034｜INTERVIEW 杉野希妃
迸る映画への情熱
［なぜ映画をつくるのか］

045｜文学と映画のエンターテインメント
ジョン・ル・カレ スペシャル

048｜*Cinema Collage*
シネマコラージュ＝永島幹

049｜石子順
漫画と映画の親密な関係
漫画の劇映画化年代記

056｜INTERVIEW｜佐藤聰明
いま芸術はどこにあるか？

―軌跡と現在
“映画の灯り”

撮影＝山岸文二

民家の戸数80数戸ほど、居酒屋も一軒もなかったという、半農半漁の江戸後期の横浜村をどのように想像できるだろう。1859年（安政6年）の開港がもたらしたエネルギーに満ちた都市化への変貌はたった160年ほどの時間で横浜を屈指の現代都会にした。この変化と活力は目を見張るが、それは進化と後退もふくんでいる。芸能の世界の中身も、それなりの長い時間に育まれた京都や江戸東京とは異なる。それは外国との接点による融合と反発の歴史だといえる。映画製作も興行の歴史も独特の進化と消滅を繰り返している。横浜という一地域の映画活動の輝けるものと消え行くものを見つめてみたい。

地域映画活動—
港町横浜

横浜
中華街
映画祭
第5回
2016
横浜中華街に
映画館が復活する6日間。
9 22 木・祝 23 金
10 2 日 8 土 9 日 10 月・祝

INTERVIEW｜山崎洋子

映画の中に横浜の面影を探して

聞き手＝山岸丈二　文＝小林幸江　撮影＝粟野夏美（山崎洋子）　山岸丈二（風景）

横浜を愛する作家の山崎洋子さん。横浜を舞台にした小説やエッセイ、ノンフィクションを数多く発表し、横浜に関する市民活動や行政企画にも多数参加しています。映画の造詣も深い山崎さんに、夫である脚本家・山崎巌さんと日活映画のエピソードも交えつつ、横浜の街と映画の関わりについての思いを話していただきました。

映画で培った「エキゾチックな横浜」像

山岸　山崎さんは京都府宮津市のご出身ですよね。宮津にいた頃は横浜にどんなイメージをもっていらっしゃいましたか?

山崎　横浜に強い憧れがありました。当時の横浜は日本一ハイカラな街でしたし、横浜といえば港。今みたいに気軽に海外へ行ける時代じゃありませんから外国への憧れもあって、大人になったら港がある横浜へ行こうと心の中で決めていました。横浜=港という印象を持ったのは、やっぱり映画の影響ですね。私が小さかった頃はテレビもまだ普及していなくて、娯楽の王様は映画でした。当時は邦画全盛期。私が住んでいた街には映画館が2軒あり、邦画を入れ代わり立ち代わり上映していたので片っ端から観ました。映画代も安かったし、その頃の子どもって空き瓶を拾ってお金に変えたりして。

山岸　日活アクションは全国中に「横浜=港」のイメージを広げました。

山崎　同じ港でも、日活アクションの小林旭シリーズは日本中の港で撮影していたでしょう。中には明らかに横浜ではない港もあったわけで、でも横浜の港は決まってムーディでした。当時の私には見分けがつかず、横浜が舞台だと言われれば、そういうものだと思って観ていましたけれど。横浜中華街は、映画の中ではいつも藤村有弘が「クスリあるよ」と言っているイメージ。路地で麻薬取引が行われていて、波止場では銃撃戦が行われていて……そういう横浜に憧れていたんです、私は(笑)。

山岸　山崎さんが初めて横浜に来たのはいつですか?

山崎　中学2年の修学旅行。ほかのことは全部忘れましたけど、山下公園に来て〝ここが横浜だ!〟と思ったことをよく覚えています。中学3年の夏に、横浜ではなく東京に越してきました。それからは東京と神奈川を転々としたのですが、映画を観る機会は減ってしまいました。宮津にいた頃はちょっと家庭が複雑で、親の目が届かないところで映画を観ていたのですが、関東に来てからは親の目があって観られなかったんです。そんな中、どうしても観たくて親の目を盗んで観たのが『ウエスト・サイド物語』(61)。衝撃を受けましたね。それまで観てきた、お遊戯みたいな日本のミュージカル映画とは全然違いました。

山岸　人生で初めて観た映画は?

山崎　『笛吹童子』(54)だったと思います。ラジオドラマが大人気だった時代で、ラジオと連動した作品でした。なんてきれいなんだろうと感動したことを覚えています。

映画の中の横浜と、現実の横浜

山岸　横浜に住むようになって、映画の中の横浜とイメージの違いはありましたか。

山崎　初めて住んだのは20代前半ですが、横浜と言っても日吉に3年ほど。次は根岸の旭台、中央林間、また東京へ行って、そのあと長く住んだのが横浜市の緑区中山。今は南区です。ですから映画に出てくるような横浜の中心部は、長い間ただの憧れでした。私が横浜に住む頃には、かつて映画で観たような危ないところは、もうほとんどなくなっていましたね。波止場でドンパチやっているわけでもないし(笑)。

山岸　映画は虚構ですから。

山崎　虚構ですよね。サスペンスがあって美女がいて。それでも私の中には、横浜といえば港、外国に出ていく玄関口というイメージがありました。実際には飛行機が主流で、豪華客船に乗るのでなければ港を使って海外へ行くことは少ないですけれど。

ロケ地としての横浜、変わりゆく街

山岸　横浜は古くから、映画のロケ地として多用されてきた街です。映画の舞台として、横浜のことをどう思いますか?

山崎　横浜は、怪しさが映画を通してにじみ出ていた時代を経て、街が発展するとともに行政的に〝汚い部分を出すのはやめよう〟となってしまった気がするんですよね。行政と私たち個人の考えは違って当たり前だけど、街の個性についてはどう考えているのかなあ、と思います。映画って、光と影がないと面白くない。それはどんな映画にも言えることだと思います。今の横浜は、影の部分を消そうとしているように見えます。

山岸　今回のインタビューにあたり、横浜が舞台になっていたりロケ地になっていたりする新旧の映画のシーンをいくつかまとめて観ていただきました。印象に残ったものはありましたか?

山崎　『天国と地獄』(63)はセット撮影だとしても、『密航0ライン』(60)、『虹をわたって』(72)といった昔のモノクロ映画の中に映る黄金町や寿町、汚れた大岡川で船上生活している様子はやっぱりインパクトがあります。ああいう街の姿を映し出すのは、今は難しいですよね。

山岸　撮影許可を出す側も、そういうことに寛容な時代だったのかもしれません。

山崎　たとえセットを組むにしても、今の横浜では、街をそうやって表現すること自体が嫌がられるだろうなあと考えてしまいます。すると、映画の中で描かれる横浜はきれいなだけの街になっていく。それってどうなんでしょうね。暗い波止場、荒くれ男たち、賭け事、ケンカ……

横浜・中華街朝陽門

大岡川から望むみなとみらいの風景

そういう猥雑さが無くなって、風光明媚な観光地になってしまった感があります。やっぱり港町は猥雑でなくては。

山岸　時代を追って映画を観ていくと、その時代その時代の街が映っていて面白いですよね。多くの場合、映画を撮る側は街の移り変わりを撮るつもりはなく、単に作品に合う背景をチョイスしているのでしょうけれど。そういう中でも、例えば『虹をわたって』は前田陽一監督が横浜に惚れ込んで、中村川にダルマ船が並ぶような横浜の景色が、やがて失われてゆくことを分かったうえで撮った映画です。そういう撮り方をする映画監督もいます。

山崎　当時の写真を見ると、『虹をわたって』で描かれている以上に、実際の大岡川はごった返していたようですから、驚きます。

山岸　それから、『天国と地獄』はセット撮影でしたが、黒澤明監督としては(麻薬街として描かれる)黄金町で実際に撮りたかったと聞いたことがあります。バッグにカメラを忍ばせて県警の人と一緒にひととおり歩いた後、あの黒澤監督が「さすがにこれは撮れない」と言ったらしいです。映画を撮るために家を壊せと言った黒澤明が(笑)。

山崎　当時の黄金町は、本当にあんなに混み合っていたのかしら。立錐の余地もないくらい人がうごめいていて凄まじいですよね。かつて新聞記者だったという人から聞いたところによると、寿町や黄金町を取材しようと紛れ込んでも見抜かれてしまうんですって。目付きとか手のきれいさとか、見抜くポイントがあるらしいです。だからロケハンも大変だったでしょうね。
　意外と映画の舞台になっていないんだなと感じたのが真金町遊郭。もっと出てきてもよさそうなものですが、それはタブーだったのでしょうか。

山岸　そうかもしれません。1956年に売春防止法成立ですから。横浜を舞台にした遊郭映画って、実はあまりないです。東京だと『洲崎パラダイス赤信号』（56）などがあるのですが。山崎さんの小説「花園の迷宮」は真金町遊郭を舞台にしていて映画化もされましたが、映画では舞台が神戸になっていましたね。

山崎　真金町以外にも、横浜にだって歓楽街はあったわけじゃないですか。でも、出てこないですね。思い出せるのは伊勢佐木町にあった酒場の根岸家くらいでしょうか。『肉体の門』のような戦後のパンパンくらいは出てきてもおかしくないと思うのだけれど。……こんなことを言っていても、汚いところばかり見たいというわけではないんですよ。例えば石原裕次郎主演の『陽のあたる坂道』（58）には美しくエキゾチックな横浜が出てくる。

山岸　そういうきれいな景色は今も残っているところが多いですね。山下公園や港の見える丘公園をロケ地にした映画は昔から現在に至るまで数多くあります。

山崎　壊す必要がありませんからね。でも、港の見える丘公園はずいぶん変わりましたよ。それに『赤いハンカチ』（64）に出てきたホテルニューグランドの窓辺の風景も変わっている。街の変化が大きくて、林海象監督の映画『私立探偵 濱マイク』シリーズ（94〜96）の頃までが、かろうじて映画の中の横浜に怪しい雰囲気が残っていますね。もちろん、いまでも街の片隅には怪しいところはあるんですよ。例えば南区の私の自宅近くにもトタンの家や急ごしらえの家があります。あるのだけれども、カメラには映らない。今でも横浜のどこかには、本当に近づくことができないような場所もあるのでしょうけれど、影の部分が本当に闇の中になってしまって、撮影もできないし公にもできない、そういう存在になってしまいましたね。

夫・山崎巌と日活映画

山岸　ご主人の山崎巌さんは日活映画の脚本家でいらっしゃったんですよね。

山崎　彼は明治大学卒業後にすぐに脚本家になったようです。当時の映画会社はエリートの就職先だったけれど、日活は若い監督や脚本家を早期に起用して、若手が活躍していました。夫も20代からアクション映画の脚本を書きまくった。彼は横浜生まれの横浜育ちで、性格がちゃらんぽらんなところがあった（笑）。それがいい加減な無国籍映画に合っていたのではないでしょうか。

山岸　代表作は？

山崎　『渡り鳥』シリーズなどです。青春物はあまり書いていなくて、アクション物が中心。赤木圭一郎や宍戸錠らが出る作品です。赤木圭一郎が撮影所の事故で亡くなった『激流に生きる男』（62）は夫の脚本でした。当時の私は、故郷の京都で一観客として日活映画を観ていまして、赤木圭一郎の大ファンでした。あの頃はワイドショーなんてなくて、新聞の小さな記事で訃報を知ってすごくショックでした。
　夫が『渡り鳥』シリーズの最初の脚本を書くことになったとき、プロデューサーから長谷川伸をエキゾチックにやりたい、というようなことを言われたそうです。流れ流れていくみたいな話。それでああいう映画ができたのですが、完成後、こんな無国籍映画は安保の学生たちから怒られるんじゃないかと、夫が恐る恐る映画館に行ったら、向こうからプロデューサーが駆けてきて「見ろ、すごいぞ」と。客が押しかけてすごいことになっていたそうです。気軽に旅行に行ける時代じゃなかったから、よその土地を見たいという気持ちが観客に強くて、ご当地映画がヒットしたんでしょうね。それであちこちの土地でロケをした。映画の全盛期だから、撮影があるとその土地ならではのお祭りをわざわざ開催してくれるんですって。だから、映画の中では必ず、お祭りの中の人探しや追いかけっこがありましたよね。

山岸　昭和30～40年代は、日活に限らず、ご当地映画が量産されていました。

山崎　みんな観たかったんでしょう。観客もフィクションだということを承知していて、細かいことは言いませんでしたね。小林旭はどうやって食いつないでいるんだろうとか、荷物も持たずにギターを弾いて流しで食べていけるのかとか（笑）、虚構としてちゃんと認めていた。

日活映画の舞台としての横浜 そのイメージと影響

山崎　日活映画って悪の大将がいつでも荷役会社のボスなんですよね。長じて私が作家になってからですけれど、ある荷役企業の重役の方にお会いしたとき、〝あなたの旦那さんに若い頃会ったことがあるんですよ〟と言われまして。話を聞いてみると、昔、日活映画があまりに荷役会社のイメージを悪くするので、次回作のプロデューサーと脚本家を呼びつけたというのです。その脚本家が若き日の夫だったわけですけれど。〝荷役会社をこんなに悪いイメージにするなら撮影許可を出さない〟と話をしたら〝わかりました〟と製作陣が帰ったから、これで良くなるかと思ったら、単に荷役会社が土建会

画・安藤ニキ

社に変わっただけで、相変わらず波止場でドンパチやっていたと……（笑）。日活映画にとって、横浜はなくてはならないものだったんでしょうね。

山岸　横浜中華街も同様に、日活映画で危険な街として描かれたことがネックになっていて、今でもなかなか撮影許可が下りづらいそうです。それほど日活映画の影響は大きかった。

山崎　でしょうね。私、以前に中華街の老舗料理店の重役さんからも〝日活映画が中華街のイメージを悪くして……〟と言われたことがあります。私が憧れた日活映画が、港と中華街の両方のボスから〝なんとかしなくちゃ〟と言われるような存在だったということを、後から知りました。

　日活映画の時代を過ぎたら、今度は東映の任侠映画が人気を得て、日活はロマンポルノになった。ですから夫も日活が倒産するまでは『ハレンチ学園』なども書いています。

山岸　ロマンポルノ時代も日活に？

山崎　どうだったんだろう？　ロマンポルノはあまり書いていないと思います。『ハレンチ学園』はロマンポルノの少し前ですね。歌謡曲映画もたくさん書いていて、映画は全部で２００本ほど書いたのではないでしょうか。まさに映画の全盛期に生きられて羨ましい。私は脚本家志望だったけれど、なれなくて仕方なく小説家になったんですから。

山岸　ご主人は、シナリオハンティングで横浜の街を歩いて回ったりしていたのでしょうか。そういう話をご主人とされたことは？

山崎　夫にとって「横浜」は、生まれた時から日常的な存在でした。だから、ことさら私に思い出話などしなかったのです。もっと聞いておけばよかったと、彼が亡くなってから後悔しましたが……。でも、子供の頃は六角橋に住んでいて、デパートの無料バスに乗って山下公園へ行き、魚屋からただでもらった鮭の頭を餌にして、蟹を釣って遊んだ、なんていう話は聞きましたね。戦争が始まってから緑区中山に疎開で移り、彼はそのままそこに住み着いたわけですが、脚本家になってからは調布の日活撮影所とか東京の旅館やホテルに缶詰とかが多く、さらにお酒も飲まなかったので、横浜で遊ぶことはあまりなかったようですね。

規制と創作、横浜と川崎

山崎　先日、川崎で映画を撮っているという若い男性とお話をする機会がありました。川崎の商店街が出資したお金で映画を撮ったそうですが、川崎も横浜と同じように、映画に対するボランティア活動などが活発なんですね。

山岸　川崎は映画活動も文化活動も熱心ですね。横浜は、行政としてはそれほど映画撮影に協力的でないというような話をたまに聞きます。

山崎　経済効果は大事ですが、歴史を踏まえた文化行政を、もっときめこまかにしていただけたらと思います。大きなイベントには東京から有名人を招いてくればいい、というようなやりかたでは、横浜を愛して横浜で活動している者にとって寂しすぎます。川崎のほうが今は熱心ですね。工場街も夜景ツアーをやったりしてプラスにしている。一方、横浜は古い建物を壊してショッピングモールばかり作っています。

山岸　横浜の人は基本的に一匹狼で、自分がやりたいことをやりたい。だからお金をもらうと逆にやらない人もいるという横浜論を聞いたことがあります。

山崎　そのせいか、同じようなことをあちこちでやっていますよね（笑）。まとまりがない。それもいいところなのかもしれませんが。

　とにかく、横浜の最近の閉鎖性というか、映画もきれいなところしか撮らせず、小説はまだしもエッセイまでこれは書かれては困ると言われて制限が出てくるのは、街を面白くなくしているのと同じだと思います。

良質な娯楽作品には光と影が織り交ざっている

山岸　今後、横浜の街に期待していることは。

山崎 やっぱり光と影が欲しいです。光ばっかりじゃ面白くなくって、何かこう……謎が欲しいんですよね。ああ、横浜にはこんなところがあるんだ、という驚き。私が子供の頃に観ていた映画の中の横浜と現実の横浜は違いますが、南区に住んで初めて「ここは私が観ていた横浜に近い気がする」と思いました。だから、いま横浜に残っているディープなところをぜひ撮っておいてほしいですね。

山岸 山崎さんはミステリー作家だから、やはり街の影が気になりますか。

山崎 影が面白いんですよ。影があってこそ光がある。闇ばかりだと見るのも嫌になってしまうから、そこは光と闇が上手に入り組んでいないと。日活映画がなぜ売れたかというと、人が行きたくなるような華やかな場所を舞台に、危ない闇のシーンをたくさん織り込んでいたからですよ。私が小学生の頃から読みふけっていた早川ミステリーでは、アガサ・クリスティーにしてもエラリー・クイーンにしても人がいっぱい殺されるんです。それなのに全然血生臭くないのは、背景が華やかだから。豪華列車、豪華ホテル、豪華客船……。私は娯楽作品が好きなので、映画もそういう光と影の兼ね合いをうまく撮ってくれたらと思うんですね。『私立探偵 濱マイク』シリーズも、出てくるのは汚らしいところばかりだけれど、基本的に面白くコミカルにできているでしょう。リリー役の鰐淵晴子が美しく出てきたりして、華やかさがある。本当に汚いだけだといやですもの。

山下公園から見る氷川丸

赤レンガ倉庫とイベント広場

華やかなりし時代の横浜歴史映画が観たい！

山崎 それから、横浜の歴史映画って全くありませんから、観てみたいですね。洋館が並んだセットを組むのも大変かもしれないけど、もったいないと思うんですよ。横浜開港なんてすごく面白い題材なのに。華やかな横浜開港時代の面影は、関東大震災と空襲でなくなってしまったから難しいのかな。洋館が建ち並ぶ上海外灘（バンド）のような風景がなくなり、新山下にあったクラシックなバンドホテルも、怪しげな中華街のホテルも消え、そのうち寿町も変わるでしょうし、川はきれいになった。

山岸 横浜開港130周年のYES'89の時と、150周年Y150の時にそれぞれ記念映画が作られたことはあるのですが。

山崎 残念ながらあまり印象に残っていないです。横浜の歴史物語がどうして作れないのかと考えてみれば、開港期の横浜にはあらゆる有名人が来たけれど、みんな出て行ってしまったということも大きな理由だと思います。例えば横浜で大河ドラマを作るとして、誰を主人公にするか考えたら、出てくる名前がないでしょう。高島嘉右衛門（たかしまかえもん）は一般的には知られていないし。横浜ってそういう街なんですよ。ここに住んでハマっている我々にとってはすごく面白い街だけど、はたから見ると茫洋としていてイメージしかないんでしょうね。洋館があって昔は華やかだったんでしょ？ みたいな。具体的なことは何も出てこない。

山岸　商売人などの庶民を描いたほうが面白い話になるかもしれない。大正の震災後から昭和初期あたりはどうですか。

山崎　庶民だと結局、貧しい時代でしょう。『虹をわたって』のような下町の話ももちろん面白いけれど、華やかな横浜らしい歴史話ならやっぱり明治30～40年頃を舞台にしたら面白いと思う。もっとも華やかでエキゾチックな、他のどこにもなかった横浜を、映像で観たいなあと思っているんですけれどね。私も明治30年代の横浜を舞台に短編連作を書きました。フェリス女学校に通いながら、家業の俥引きを手伝っている少女が主人公。ワーグマンや孫文など、当時の有名人を登場させました。

山岸　中居屋重兵衛を主人公にした映画『動天』（91）もありました。

山崎　未見なのですが、豪商の中居屋重兵衛を北大路欣也が演じたんですよね。でも中居屋重兵衛に関する史料そのものに信憑性が薄いと言うし。

山岸　そうです。だからあれは映画的な話になっていますね。

山崎　横浜は冒険者の都だったから、そういうストーリーが描けたらねぇ。外国人も含めて。

山岸　横浜を訪れた海千山千の商人も描いて。

山崎　小説ならあるのだけど、映像にはできにくいのかな。でも映像にしたところで、観た人が横浜って面白いと思って来てみても面影は全くないわけよね。面影をなくしたがっているのかと思うくらいどんどん壊しちゃいますね。横浜三塔くらいしか残っていない。横浜三塔だってそんなに昔のものではないけれど大事にしてほしい。

山岸　もし、今の横浜を描くなら、どんな映画が作られてほしいと思いますか。

山崎　今、私が南区に住んでいるからよけいに感じるのかもしれないけれど、横浜はインターナショナルシティ。私のマンションにも中国人やフィリピン人が多く住んでいます。今の横浜を描くならそういう姿を描いてほしい。片岡希監督が『中華学校の子どもたち』（08）で中華街の子供たちを撮ったけれども、こうした、いまの横浜をインターナショナルな視点でとらえる映画が、さらにつくられて欲しいですね。私はボランティアで学習支援をしていますが、中国人が本当に多いです。横浜に住む彼らの現実を映画で観たいから、ぜひ南区を舞台にしたインターナショナルな映画を作ってほしいな。

［2017年1月21日 シネマ・ジャック&ベティにて］

山崎洋子（やまざき・ようこ）推理作家

1947年、京都府宮津市生まれ。コピーライター、児童読物作家、脚本家などを経て「花園の迷宮」で第32回江戸川乱歩賞を受賞し、推理小説家デビュー。小説だけでなく、ノンフィクション、戯曲なども手がける。2010年、NHK主催の地域放送文化賞を受賞。戦後横浜の裏側を描き出すノンフィクション「天使はブルースを歌う」（毎日新聞社）、明治時代の華やかな横浜を舞台に俥引きの少女が謎に挑む軽快なミステリー「港町ヨコハマ 異人館の秘密」（アドレナライズ）など、横浜を描く作家としても名高い。近作に「横濱 唐人お吉異聞」（講談社）、「誰にでも、言えなかったことがある —脛に傷持つ生い立ち記—」（清流出版）、「横浜の時を旅する ホテルニューグランドの魔法」（春風社）など。

横浜映画館アルバム

時代]

賑町／オデヲン座・又楽館[大正時代]

敷島館[大正時代]

前]

オデヲン座[昭和戦前]

横浜名画座

横浜日劇

座

関内アカデミー

横浜日劇アーケード

の夜

横浜オスカー　最後の夜

伊勢佐木町東映　最後の日

1958年(昭和33)年当時の横浜の映画館の分布

横浜東宝劇場チラシ[昭和32年]

横浜東映ニュース[昭和34年]

1. 横浜東映劇場(旧朝日座)
2. 横浜日活映画劇場(旧喜楽座)
   横浜日活シネマ
3. 横浜花月劇場
4. オリオン座／グリンホール
5. 横浜松竹映画劇場
6. テアトル横浜
7. 横浜第二東映
8. 横浜大映劇場
9. 横浜ピカデリー劇場(旧世界館)
10. 横浜宝塚劇場
11. 横浜東宝劇場／横浜スカラ座
    東宝シネマ／東宝名画座
12. 横浜新東宝
13. 横浜レアトル
    光音座
15. 横浜国際劇場
    横浜吉本映画劇場
    (旧マックアーサー劇場)
16. 日の出劇場
17. かもめ座
18. 野毛劇場
19. 横浜文化劇場
20. ヨコハマニュース劇場
21. 横浜日劇
    横浜名画座
22. 横浜大勝館
    千代田劇場

明治から戦後の伊勢佐木町周辺の映画館

1908(明治41)年12月30日、現在の伊勢佐木町4丁目に、横浜で最初の常設映画館である「Mパテー商会活動電気館」が開館。1911(明治44)年、伊勢佐木町3丁目に「オデヲン座」が開館すると、その周辺に映画館が次々と誕生した。オデヲン座は「日本初の外国映画封切館」として全国的に有名になり、「封切り」と「映画ファン」という言葉はオデヲン座から誕生した。

伊勢佐木町の映画街は、1923(大正12)年の関東大震災、1945(昭和20)年の横浜大空襲で2度壊滅するが、その都度復興し、戦後は東京の浅草と並ぶ一大娯楽街となった。

しかし、1958(昭和33)年に東京タワーが完成、テレビの時代が到来すると、映画館は徐々に減少してゆく。

映画館位置図：参考「シネマ・シティー横浜と映画－(横浜都市発展記念館発行)」　絵葉書：個人蔵

1915年(大正4)～1920(大正9)年頃の横浜市内の劇場と映画館の分布

横浜桟橋[大正時代]

1. 賑座
2. 喜楽座
3. 羽衣座
4. 横浜角力常設館
5. オデヲン座
6. 又楽座
7. 横浜電気館
8. 横浜座(旧雲井館)
9. 横浜館
10. 敷島館
11. 紀念電気館

横浜単館映画館列伝

取材・文・撮影＝**山岸丈二**

横浜市内にはシネマ・コンプレックス以外の単館映画館は、横浜ニューテアトル、横浜光音座、シネマ・ジャック&ベティ、横浜シネマリン、港南台シネサロン、ブリリアショートショートシアター、シネマノヴェチェントがあるが、その中から4館を訪ねた。

1

2

3

4

1―シネマノヴェチェント

トラットリアが併設された 客席数28席の小さくユニークな映画館

2015年2月、京浜急行線戸部駅から徒歩10分のビルの2階に「シネマノヴェチェント」が開館した。代表の箕輪さんは、「フィルムで上映できる作品はフィルムで上映したいですね。ここが映画館と名乗れるのは、映写機でフィルム上映を行っているからで、デジタル上映のみでしたら単なるホームシアターです。上映作品も、各地方が舞台のご当地映画や邦画のインディーズ作品など、監督の持ち込み作品があれば上映しています。皆さん熱心にお客を呼んでくれますしね。」と話す。この場所はお世辞にも利便性が良い立地ではない。しかし、箕輪さんは駅前などの立地は一切考えなかったという。「私は映画館で儲けようという考えはなく、細々とでも良いので死ぬまで映画館が続けられればと思っています」。飾らない箕輪さんを慕い、映画上映後も観客がバーに残り映画談義を重ねる。その中から新たな上映作品が決まることも少なくない。

横浜市西区中央2-1-8 岩崎ビル2F
☎045(548)8712

1982(昭和57)年頃の横浜市内の映画館の分布

桜木町駅前の「ヨコハマニュース劇場」は、戦後はニュース映画を専門館で、後に東映アクション物を主に上映していた。若葉町の「千代田劇場」、「大勝館」は後に閉館、「横浜東映名画座」は1991(平成3)年に建物を新築し「シネマ・ジャック&ベティ」となる。1885(明治18)年にオデヲン座のあった場所に建つ商業ビル・ニューオデオンビルの9Fに「横浜オデオン座」が開館する。伊勢佐木町の「イセザキシネマ」は後に「横浜シネマリン」となり、現在も存在する。

現存する映画館(2017年4月現在)

シネマ・ジャック&ベティ

横浜ニューテアトル

横浜シネマリン

横浜光音座

2 横浜シネマリン

映画ファンが老舗映画館を継承
居心地のいい設備でテーマ性ある映画を楽しめる

1955年に開館した「横浜花月劇場」を起源とする老舗映画館「横浜シネマリン」が2015年12月にリニューアルオープンした。閉館に危機にあったシネマリンの運営会社を買い取り、新たな支配人になったのは、映画サークル「横浜キネマ倶楽部」のメンバーであった八幡さん。上映作品は、名作日本映画の特集、テーマ性のあるドキュメンタリー映画、音楽映画を3本柱としている。また、リアルな音響、狭い空間で映像を大きく見せるための湾曲を持たせたスクリーンなど映画館の施設も自慢だ。「私自身も映画館で素晴らしい映画を見た後は、その余韻に浸りながら街を歩き家に帰っていました。この幸せな時間は映画館でしか味わえません。是非、お客さんにも同じ体験をして欲しいと思っています」と話す。支配人という立場になっても、一映画ファンであり続ける八幡さんが、今後どのような映画を上映してくれるのか楽しみである。

横浜市中区長者町6–95
☎045(341)3180

3 横浜ニューテアトル

レトロな雰囲気を残す昔ながらの映画館
古き良き伊勢佐木町の面影を残す貴重な場所

1955年に「テアトル横浜」として開館した。かつて伊勢佐木町周辺にあった昭和の映画館の雰囲気を色濃く残している。「この映画館はトイレが見所です。場内からのれんをかき分けて入るトイレは他にありません。嫌がる人もいますが、逆に是非体験して欲しいですね」と笑いながら語るスタッフの石本さん。「私にとって映画を観るということは、映画鑑賞だけでは無く、映画館の匂いを感じながら映画を観ることでした。昔はそれぞれの映画館に個性的な雰囲気があり、例え音が多少悪くても外の音が漏れ聞こえても、それを含めて映画館で映画を観ることが特別な楽しみでした。かつては〝あの映画館であの映画を観た〟と覚えていましたが、最近は特色ある映画館が少なくなり、そうした体験も無くなり寂しいですね」。石本さんの映画館への熱い思いは、観客に〝映画館の記憶〟という貴重な体験を授けてくれるに違いない。

横浜市中区伊勢佐木町2–8–1
☎045(261)2995

4 シネマ・ジャック&ベティ

作品数の多さに圧倒される
閉館の危機を乗り越え、急成長を遂げるミニシアター

1952年開館の「横浜名画座」時代から、一時閉館もありながら約65年この地で映画を上映している。作品選定の特色は、ジャックとベティの2館で一日平均12本もの作品が上映される作品数の多さと、一映画館で岩波ホールのような東京の人気単館映画館の上映作品をまとめて観られることである。「当館では、映画を一日2作品以上続けて観られる方も多いため、2館の上映作品を続けて観られるようなプログラミングを考えています」と話す支配人の梶原さん。昨年末にはシートをすべて新たに入れ替えるなど、観客サービスも充実している。副支配人の小林さんは、「今はスマートフォンでも映画を観られる時代ですが、暗闇の中で2時間も携帯を切り、〝自分だけの時間〟を過ごすのは現代では逆に貴重な機会です」と映画館の魅力を語る。二人の将来の目標は〝地元の街の人々が映画館の存在を自慢できるような映画館であること〟である。

横浜市中区若葉町3–51
☎045(243)9800

横浜では、開催38回を誇るヨコハマ映画祭、大倉山ドキュメンタリー映画祭、横浜みなと映画祭、ヨコハマ・フットボール映画祭、横濱インディペンデント・フィルム・フェスティバル（旧横濱HAPPY MUS!C映画祭）、ショートショートフィルムフェスティバル（東京・横浜開催）、国際平和映像祭、横浜中華街映画祭など多くの映画祭が開催されている。民間の映画愛好者による上映活動も盛んで、横浜映像天国、横浜キネマ倶楽部、海に浮かぶ映画館、ハードボイルドヨコハマなどがある。さらに既存の映画館でも上映活動があり、シネマ・ジャック＆ベティでは大岡川の桜祭りに合わせた夜桜上映会や手話弁士付き上映、音声ガイド付き上映などの福祉上映活動、横浜シネマリンでは将来の映画人口を増やすべく「こども映画教室」を開催している。

ここでは、その中から4つの上映イベントをピックアップして紹介する。

海に浮かぶ映画館 ［毎年12月に開催］

ヒミツの場所で映画を観よう 自主映画の面白さを伝える映画祭

横浜の某所（開催場所は非公表で参加者のみ集合場所が告知される）で2013年から４回開催している。「中村川のダルマ船で活動していた劇団・横浜ボートシアターのお手伝いをしていたのですが、その時に船で映画を上映したら面白いかもと思いました。」と話すのは代表の深田さん。小栗康平監督の『泥の河』などの16mmフィルム上映や、深田さん自身も映画を制作するため、自主映画の上映も積極的に行っている。「場所の特殊性からイベント的な上映会と思われるかもしれませんが、基本的には自主映画の面白さやフィルム上映の価値などを観客の皆さんと共有することを目的としています。映画館は非日常空間ですが、この上映場所は非日常のさらに非日常でそれだけでも楽しめますし、さらに自主映画の面白さを知らない人に少しでも体験してもらうのが上映会のテーマです。」ミナトと船がある横浜ならではの貴重な上映会である。

ハードボイルドヨコハマ ［不定期開催］

「もう一度、横浜をアクション映画の聖地に」 ハードボイルド映画を愛する人々が集う

2009年の横浜開港博Y150で開催した、横浜を舞台にしたハードボイルド映画の上映会イベントから活動が始まった。2001年からの２年間はアクション映画のフィルムコンテスト、2016年には『さらば、あぶない刑事』の公開を前にファンイベントを開催した。「かつて横浜はアクション映画の舞台として多くの映画が撮影されてきました。その時代の横浜の魅力を現代に復活させたいと思ったのがきっかけです。しかし今は、観光地化やアクション映画の犯罪というイメージが先行し、横浜での撮影が難しくなっています。」と話す、ＣＪカフェのマスターで代表の秋山さん。「次回はフィルムコンテストの優勝者を中心に映画を撮影する準備を行っています。この活動を通じて、かつての男臭いヒーロー像を作り上げる若手映画制作者を育てられればと思います」。ハードボイルド映画に描かれる影のあるヨコハマは妖しくも美しい魅力がある。

PICK UP!
映画祭＆上映会in横浜

取材・文＝山岸文二

ヨコハマ映画祭［毎年2月第1日曜日に開催］

1980年に市民の手でスタート
いまや有名俳優らが顔を揃える人気の映画祭に

2017年2月に開催38回目を迎えた横浜で最も歴史のある映画祭である。「この映画祭は、映画ファンから映画への恩返しという気持ちで始めました。それが毎年多くの映画人が出席してくれる理由であり、またファンの夢だと思っています。」と話す、実行委員長の北見さん。阪本順治監督は、横浜国大の学生時代は映画祭のスタッフで、その後『どついたるねん』で第11回作品賞と新人監督賞受賞者として凱旋したなどエピソードは多い。「第3回で特別大賞を受賞した高倉健さんは、『海峡』の青森ロケで欠席の予定だったにもかかわらず、天気待ちのわずかな時間を空路駆けつけてくださり表彰式に登場しました。あの時の会場の興奮は今でも覚えています。健さんは風のように現れ、風のように去っていったのです。」この映画祭は、ファンと映画人の垣根を越えた時間が魅力である。そして多くの映画人もそれを楽しみにしている。あの時の健さんのように。

横浜みなと映画祭［不定期開催］

インディペンデント映画や横浜映画に注目
不定期に開催される手作りの映画祭

伊勢佐木町の映画館３館（横浜ニューテアトル、横浜シネマリン、シネマ・ジャック＆ベティ）を中心に2012年から４回開催。2013年は私立探偵濱マイク大回顧展と銘打って、５日間で約4,000人の観客を動員した。「映画祭を始めた頃は、シネコンの台頭もあり伊勢佐木町の映画館が次々無くなっていました。残る３館だけでも地元の街に愛される映画館として盛り上げたいという気持ちで始めました。」と話すのは、実行委員でもある映画『ヨコハマメリー』の中村高寛監督。この映画祭はサイレント映画特集や短編映画特集など映画上映の多様性を問うテーマが多い。「今後は、映画制作が大作と小規模に二極化する中で、海外で評価された日本のインディペンデント作品を通じて、その魅力を紹介できればと思います。」海外から逆輸入した映画の上映は、洋画が最初に上陸し“封切り”の名前が生まれた映画の街・横浜に相応しい映画祭となるに違いない。

—軌跡と現在

高揚する映画祭

撮影＝藤井克郎

上州高崎は赤城おろしのからっ風の街。雪は降るのではなく吹いてくるのだと街の人は言う。その高崎という街は音楽と映画の街になっている。映画の街と言われるゆえんはいくつもの映画の撮影が高崎で行なわれていることもある。高崎という風土が物語を育むのかもしれない。そのなかで高崎映画祭は今年で31回目を数えた。しかもどの年の映画祭も盛況で充実している。多くのファンを獲得し知名度も上がっているようだ。やはり映画に対する思いの温度が高いのだろう。その映画祭の熱気と群馬交響楽団を筆頭に音楽の活動も海外にまで浸透している。からっ風と映画と音楽が身に浸みる街である。

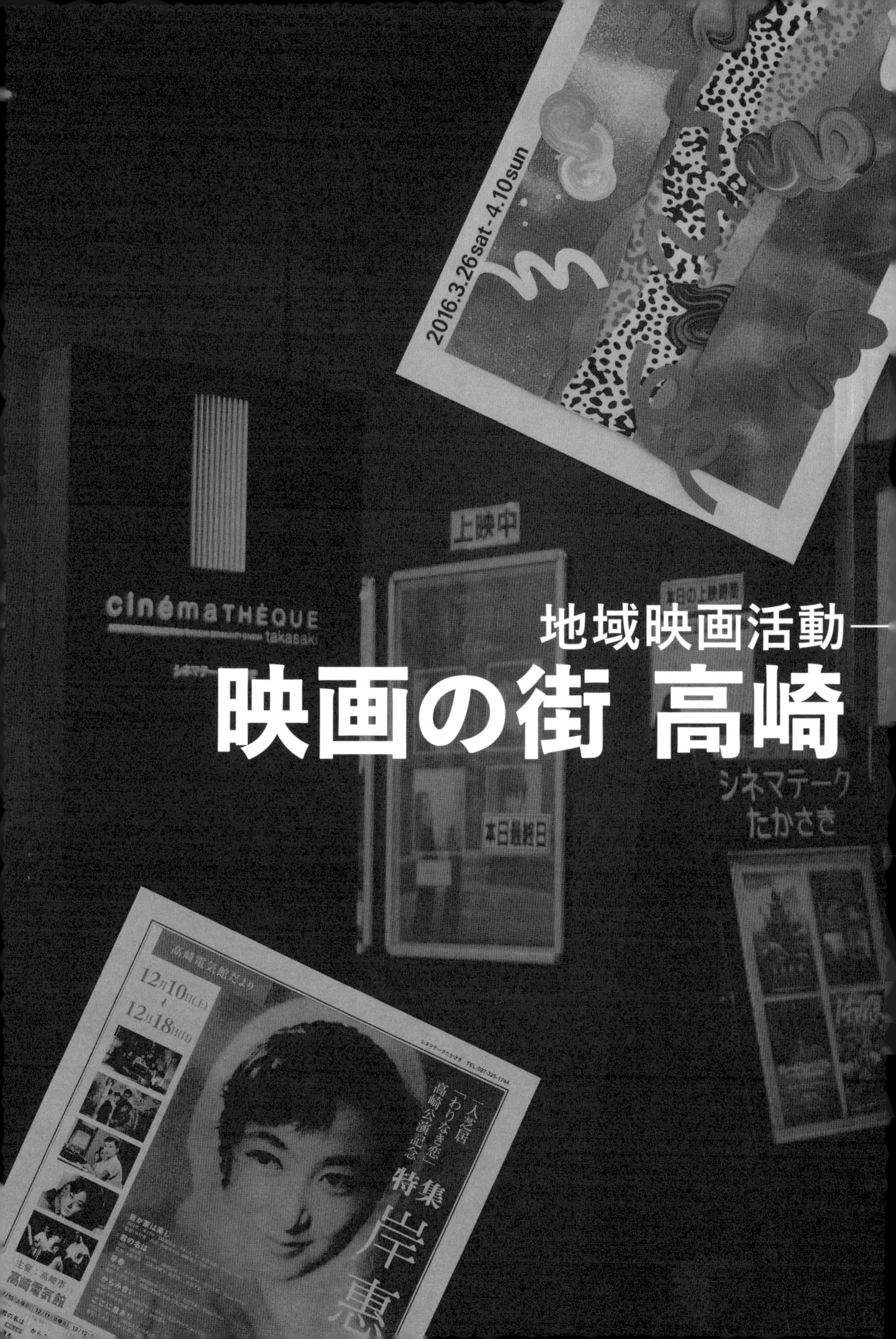

地域映画活動──
映画の街 高崎

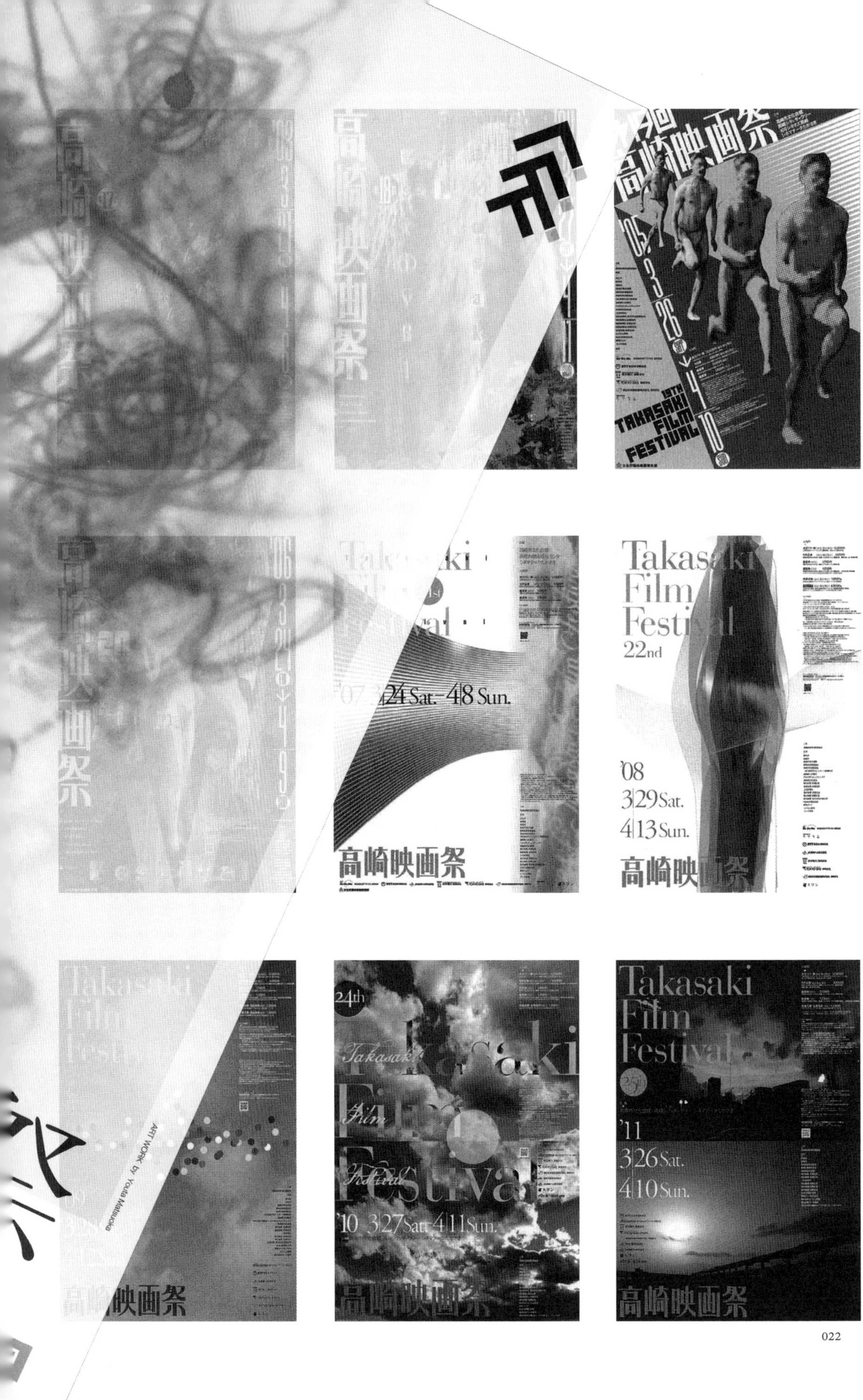
高崎映画祭
第19回 高崎映画祭
'05 3 26 → 4 10
19TH TAKASAKI FILM FESTIVAL
Takasaki Film Festival
'07 3|24 Sat. - 4|8 Sun.
高崎映画祭
Takasaki Film Festival
22nd
'08
3|29 Sat.
4|13 Sun.
高崎映画祭
ART WORK by Youta Matsuoka
高崎映画祭
24th
Takasaki Film Festival
'10 3|27 Sat. 4|11 Sun.
高崎映画祭
Takasaki Film Festival
'11
3|26 Sat.
4|10 Sun.
高崎映画祭

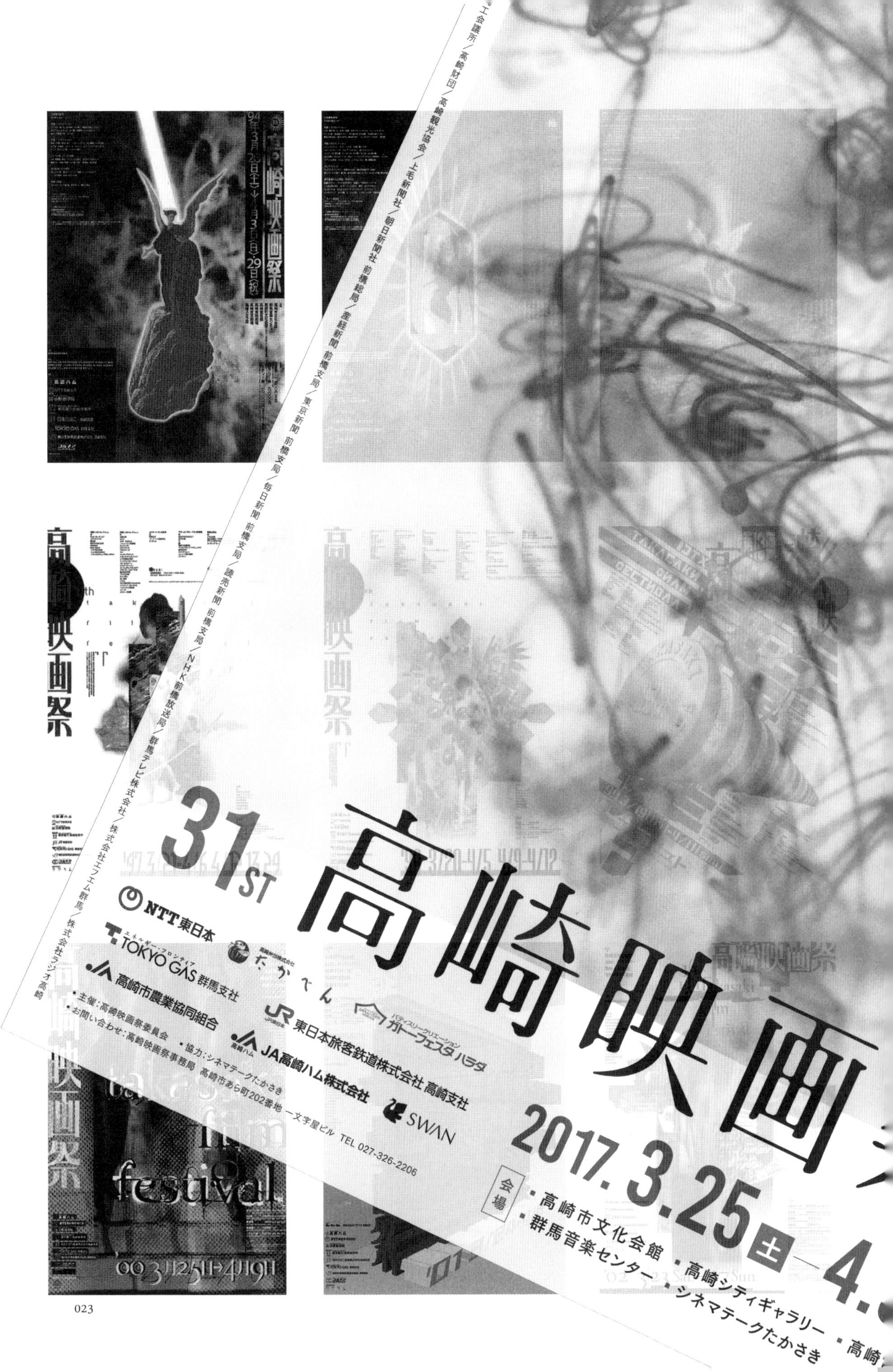

高崎映画祭
94年3月20日(土)～4月3日(日)・29日(祝)
高崎映画祭
高崎映画祭
festival
00.3月25日～4月9日
工会議所／高崎財団／高崎観光協会／上毛新聞社／朝日新聞社 前橋総局／産経新聞 前橋支局／東京新聞 前橋支局／毎日新聞 前橋支局／読売新聞 前橋支局／NHK前橋放送局／群馬テレビ株式会社／株式会社エフエム群馬／株式会社ラジオ高崎
31ST
高崎映画
2017.3.25 土 — 4.
会場
・高崎市文化会館 ・高崎シティギャラリー ・高崎
・群馬音楽センター ・シネマテークたかさき
NTT東日本
TOKYO GAS 群馬支社
たかべん
高崎市農業協同組合
ガトーフェスタ ハラダ
東日本旅客鉄道株式会社 高崎支社
JA高崎ハム株式会社
SWAN
・主催：高崎映画祭委員会 ・協力：シネマテークたかさき
・お問い合わせ：高崎映画祭事務局 高崎市あら町202番地 一文字屋ビル TEL 027-326-2206

INTERVIEW｜志尾睦子

映画を観たい！映画を見せたい！

聞き手（構成＋撮影）＝藤井克郎

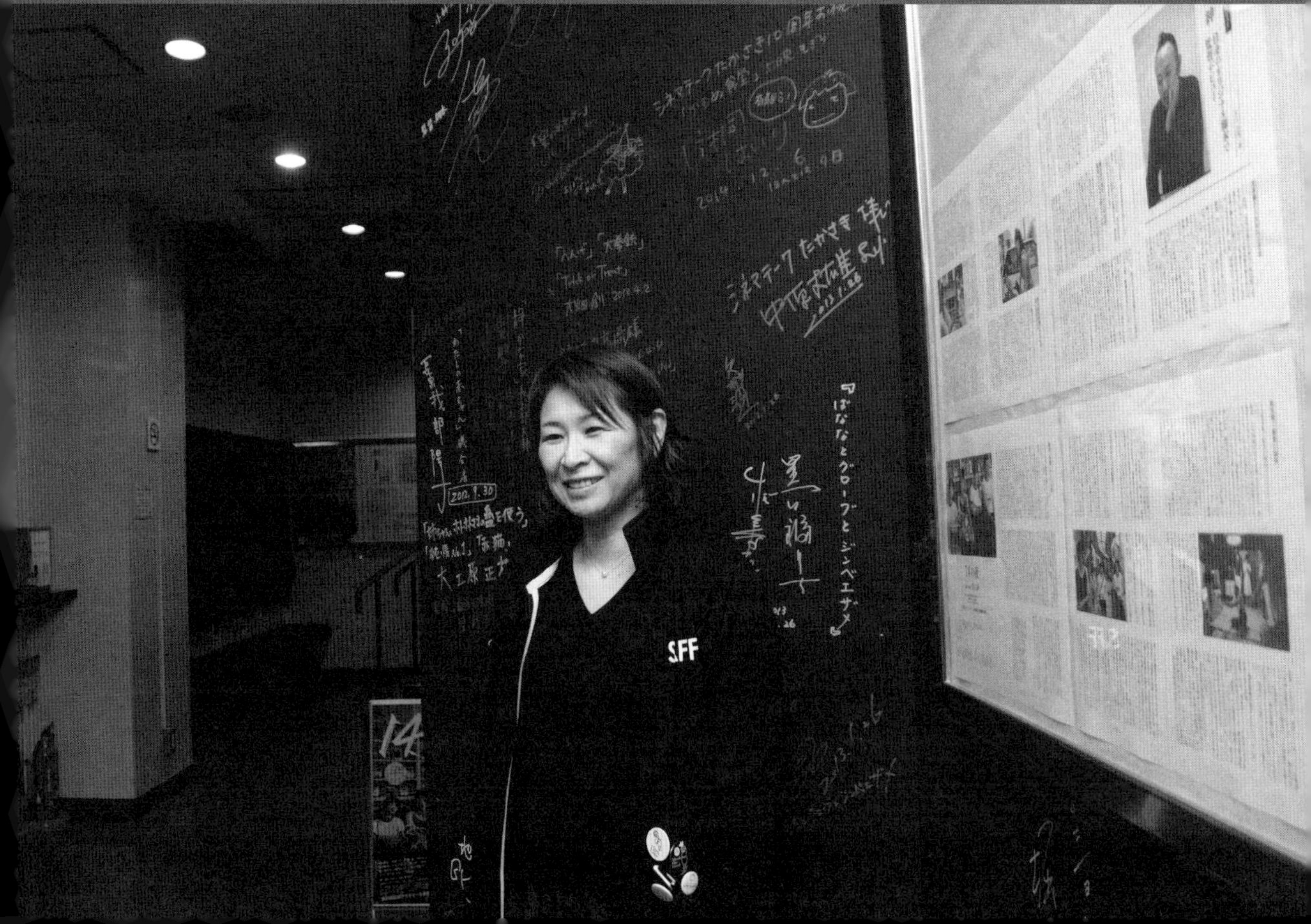

上越新幹線と北陸新幹線が分岐する群馬県高崎市は、
今や日本で1、2を争う映画の街と言えるかもしれない。
市民映画祭としてすっかり定着した高崎映画祭はすでに30年の歴史を重ね、
映画館はシネコンだけでなく、
ミニシアターのシネマテークたかさきに、大正2（1913）年創業の高崎電気館も健在。
さらにはフィルム・コミッション事業も充実しており、最近では『セーラー服と機関銃―卒業―』や
『64―ロクヨン―』『お盆の弟』といった作品のロケが行われている。
これら高崎の映画文化の中心的な役割を担っているのが志尾睦子さんだ。
シネマテークたかさきや高崎フィルム・コミッションなどを運営する
NPO法人たかさきコミュニティシネマの代表のほか、
高崎映画祭の総合プロデューサーも務めている志尾さんは、
まさに「映画の街・高崎」の顔と言っていいだろう。
だが映画に目覚めたのは、それほど早い時期からではなかった。

志尾　映画との関わりは、1999年の第13回高崎映画祭のボランティアスタッフとして門戸をたたいたのが最初でした。当時は県立女子大に通う大学生で、映画を題材に卒論を書くことにもなっていたし、私より2カ月ほど前に映画祭のスタッフに入った友達と一緒に事務局に行ったんです。

高崎は生まれ育った街ですが、その子から高崎映画祭って知ってる？って言われて、何となく聞いたことはあるけれど、正直それまでは全く興味がなかった。小学生のころに1回行ったことがある気がする、なんて話をしていたら、そこのスタッフになったから一緒にやらない？って誘われた。その子がもっと仲良かったら断ったと思うのですが、友達になりたてだったので、あ、うん、わかった、みたいな感じで行くことになりました。もともと映画祭に足しげく通っていたとか、スタッフをやりたかったとか、そういうのではなかったんです。それが11月ごろのことで、映画祭の開催が翌年の3月ですから、もう押し迫っている時期でしたね。

――今年が31回目となる高崎映画祭がスタートしたのは1987年。地方ではなかなか見ることができない映画を観たい、見せたいという思いで、自主上映活動をしていたNTT社員の茂木正男さんらが中心となって始めた。映画の上映だけでなく、前年公開の日本映画の中から最優秀作品賞などを選出して授賞式を開くのが特徴で、監督や出演者らが毎年ゲストとして来場し、大いに盛り上がる。

志尾　私が入ったころは最も勢いがあったころで、のべ2万人が来るところまでいった時代でした。今思えば少し下向きになっていたのですが、普通の映画の上映に700人収容の会場が埋まるというのが当たり前でしたね。オープニングには入りきれないくらいの人が殺到して、人員整理をしなくちゃいけないほどでした。

入って2年くらいは、ダイレクトメールを作るとかビラまきをするとか、末席で静かにしていました。ボランティアスタッフは常に20人くらいいるのですが、長くやっていた人がこぞってやめたこともあって、割とこまごましたことを積極的にやらせてもらえたというのはありますね。

運営はすべてボランティアの手作りです。しかも代表の茂木さんがまた、みんなでやろうよ、と常に言う人で、とにかくしょっちゅう招集する。何時に来てくれ、というので私たちも行くんです。真面目だから。すると、あっという顔をして、「ごめん、今日はやることがないから帰って」って。後で分かったのですが、新人さんに手取り足取り教えている暇がないんですね。分かっている人だけで進めたいという作業なんだけど、茂木さんが普通に「何時に集合ね」って言うから、こっちは真面目に行っちゃう。呼ばれたのに帰れって何なんだろう、という感じで、それで嫌になってやめちゃう人もいたけれど、私は体育会系のノリに憧れていたので、とにかく呼ばれたら行き、帰れと言われたら帰り、ということを続けていました。

——子どものころから東京志向が強く、地元には文化などないと思っていた。だが映画祭のスタッフと交わり、作業に携わることで、高崎のすばらしさに目覚めていった。

志尾　教員をしていた父が割と厳しい人で、映画館に行くのは不良だという家庭でした。だから子どものころは映画を全く観ていないのですが、大学生のときに引きこもっていた時期があり、友達から「何もしていないのはもったいないから、映画なら1日4~5本観られるよ」と言われて観るようになった。それが20歳のころですね。レンタルビデオ店に行って、アイドル映画とか、テレビでちらっと観た作品を借りては、時間をつぶしていました。

　そんな生活を1年くらいしていると、少しずつ気持ちも上がってきて、大学に戻ろうかなとなってくる。車で出るんだけど、今日は大学に行きたくないなというときは、太田市にコロナシネマワールドができたばかりで、たまたまやっている映画を観て帰ってくる。そんなことをしているうちに、何となく「映画が好きなんだ」と言われるようになり、卒論も映画で書くことになり、という流れです。

　そもそも引きこもるようになった原因の一つに、東京志向が強かったのに東京に出られなかったということがあります。厳しく育てられたので、大学生になったら好きなことができると思っていた。でも田舎にいたら何もできない、と完全にインプットされていたので、東京に行けなくなったからもうおしまいだ、くらいの気持ちだったのですが、高崎映画祭のスタッフになって衝撃を受けました。まさか近場でこんなことをしているなんて思ってもいなかったし、地元でもこんな文化的な活動をしている人たちがいたんだということが驚きでした。東京志向が強かったから余計かもしれませんが、ここには文化がないって思い込んでいたんですね。多分、今もまだ、当時の私みたいに思っている人はたくさんいると思うんです。

——こうして3年目ごろから徐々に映画祭の仕事にのめり込んでいく。大学院に進んだこともあり、昼間も事務局に行くことができる身分は重宝がられた。

志尾　そんなことをしていたら、だんだん配給会社などとのやりとりをさせてもらえるようになった。そういう仕事は何かあっては困るから、信頼の置ける人にしかやってもらえないんだ、というのを茂木さんたちが言っていたので、3年目くらいにプリント管理を任されたときはすごくうれしかったですね。

　ただどっぷりとはまっていくにつれ、いろいろと見えてくる部分もある。ボランティアだからと気軽に来ている人たちと、片や寝られもせず、食べられもせず、とやっている人たちとの差が歴然としているのを見ると、急に嫌になってきて、もうやめてもいいんじゃないか、と思ったりもしました。それで地元の教育施設に臨時雇用として就職して、9時から5時までは会社員として働き、終わった後の時間でボランティアをする。それくらいの距離の方がいい、ゆくゆくは映画祭は卒業するだろう、くらいに思っていました。

　ちょうどそのころ、映画祭のプログラムディレクターをやっていた吉野直子さんが、家庭の事情でやめることになったんです。高崎映画祭はディレクター主義で、みんなで協議してプログラムを決めるのではなく、この人がやるって決めたものを上映する。それってすごいことだと思っていて、私は吉野さんの下についてサポートをするのがものすごく楽しかった。

　その方がおやめになって、茂木さんに「一緒にやってくれない?」と頼まれた。最初は茂木さんと2人でプログラムを考えたのですが、次の年からは改めて任されることになりました。

　実は以前にスタッフみんなで話をしていて、ある大学生の子が「映画業界に就職したい」と言い出したことがあります。そのとき、「志尾さんは何がやりたいの?」と聞かれて、ばかなんですけど、「映画の中枢にかかわることをしたいんです」と言ったら、ディレクターの吉野さんに「中枢って何?」って突っ込まれた。

私は、映画を上映する人たちは、映画を作る仕事に憧れていながら作れなかったのでサポートする立場でやっていると思っていたんですね。今思えば本当に失礼な話ですが、茂木さんも映画を作ったことがあると言っていたし、吉野さんも東京にいた頃舞台に携わっていたと聞いていたので、この人たちはすごいんだけど、やっぱりそういう思いでやっているんだろうなって。

でも彼女はそのとき、映画祭のプログラムは自己表現だと思ってやっている、私はこれに誇りを持ってやっているんだと言ったんです。映画を上映する人がいなければ観る人もいない。それは中枢とか末端とかいうことではないんだと聞いて、目からうろこが落ちました。あ、私これがやりたい、と思ったんです。

確かに映画のプログラミングって、ただ乱雑に並べているわけではなくて、なぜこの作品を選んだのか、なぜこの順番で見てもらうのかには理由がある。お客さまに細かいことは伝わらなくても、何となく気持ちがいいとか、心に残るとかってあるんですよ。大学では美学美術史を専攻していたし、表現者という言葉にもシンパシーを覚えて、私はこっちだなと思ったんです。

――そんな折り、高崎にミニシアターをつくるという話が持ち上がる。約2週間の映画祭期間が終わると、高崎では単館系の映画を見る機会がなくなる。だが映画館を作れば、1年中、刺激的な作品を紹介できると茂木さんたちは考えた。

志尾　臨時雇用だった就職先も、正職員で迎えたいという話が出ていました。映画祭はボランティアだからそのまま続けられるけど、映画館をつくるということは、それが仕事になるかもしれない。一世一代の決断を迫られることになりました。

でも茂木さんという人は、仕事を辞めてくれ、とか、映画館やってくれる?とか言わないんですよ。言わないんだけど、どんどんみんなで盛り上がっていって、NPO法人設立の書類を作って申請しなくっちゃね、なんて話になっている。それってきっと私がやるんだよな、と思いながらも、半年くらい悩んでいましたね。

そうこうするうちに、職場の方は3月に更新するので、2月くらいには返事をしなくてはいけなくなった。もうどうなってもいいやと思って、「茂木さん、雇ってくれなくてもとりあえずやります」みたいな感じで伝えました。職場は不登校の子どもたちの施設で、そちらの仕事もやりがいがあったのですが、正職員になったら映画祭のボランティアスタッフも今までのようにはいかない。逆に映画館で働くことになったら、子どもたちに映画を見せるといった形で何らかの協力ができるんじゃないか。子どもたちも、映画館ができたら応援する、映画を観にいく、と言ってくれて、最終的に「映画館に行きます」という決断をしました。

――新しい映画館はシネマテークたかさきと名付けられ、2004年12月にオープンした。茂木さんが総支配人、志尾さんが支配人という体制で、専従スタッフは志尾さんを含めて4人だった。

志尾　最初に言われたのは、2人分の給料しか出せないから、それを4人で割ってもらうね、ということでした。映写技師がいて、プログラムを組む人がいて、受付がいて、と2人ではやっていけないし、誰一人「えーっ」とは言わず、そりゃそうだよな、みたいな感じでした。

最初のころのプログラムは、ほぼ茂木さんが組んでいました。私は映画祭のプログラムもあったので、シネマテークはアドバイス的な感じと言ったらいいでしょうか。ただスケジュール表の作品解説はすべて私が書いていた。書きものは志尾、プログラムは茂木さん、お金の計算は副支配人の小林栄子という役割分担でしたね。

とにかく映画館に毎日通うっていう、自分の日々の職場が映画館であるということが単純にうれしかった。お客さまに紛れて映画を観ることもあったし、期間限定ではなくて、1年を通して映画を上映できる。お客さまに来てもらうために作品の紹介を書いたり、何か企画を立てたり、宣伝したり、というのは、すごく楽しいことではありました。

ただやってみてびっくりしたのは、お客さまが本当に来ないんです。映画祭は、下降気味だったとは言えすでに18回の歴史があり、足しげく通ってくるお客さまも大勢いたし、みなさん「映画館ができるのはうれしい」と言ってくれたし、正直もう少し来ると思っていました。

初日こそ満席でしたが、2日目からがくんと減って、1年目は本当に閑古鳥が鳴いていた。映画祭の1000円に対してこちらは1700円だったので「高い」と言われたり、「知らない映画をやっているから」と言われたり。知らない作品をやる映画館なんです、と説明もしましたが、もうちょっと入ると思っていました。

上映作品にも苦労しましたね。こけら落としを何にするかでいろんな映画会社に頭を下げにいったのですが、一律に言われたのは「映画祭の実績は買うが、映画祭と映画館は別の話です」というものです。「うちの作品は実績を上げていただくまで出せません」と何社にも言われました。

12月4日が初日なのに本当に決まらなくて。思っていた作品が軒並みダメで、茂木さんと2人で焦りまくりました。とにかく1年間は思ったようなラインアップは全然できませんでしたね。東京のミニシアターで割と入っている作品があると、「3カ月後にはできるね」などと話したりしてい

左：全国コミュニティシネマ会議2016イン高崎
［パネルディスカッション］

下：シネマテークたかさき・月刊パンフレット

たのですが、まるでダメでした。

——結局、こけら落とし作品は、レア・プール監督の『天国の青い蝶』と侯孝賢監督の『珈琲時光』に決まった。『珈琲時光』は高崎でもロケが行われた作品だったが、茂木さんは上映するのを嫌がったという。

志尾　自分も出ているんですよ。でも確かすでにシネコンのMOVIX伊勢崎でもやっていて、それをこけら落としにするのは嫌だって。「そもそもミニシアターなのに、2番館になっちゃうじゃん」って言っていました。でも本当に決まらなくて、「茂木さんが出ているからこそ、やる意味ありますよ」って説得したりしました。

『天国の青い蝶』に辿り着くまでも長くて、最終的に「これ出します」と言われたときは本当にうれしかった。やっと出た、という感じですね。でもその後も、いい映画なんだけどお客さまを入れるにはなかなか難しいよね、という作品しか借りられなかった。当時はMOVIXもミニシアター系のラインアップを組んでいて、「そちらに出るから高崎さんには出せません」とか言われて。商圏がかぶるんです。車社会なので、30㎞圏内だったらみんな余裕で行けちゃうんですよ。

結局、1年目は予想の7割程度の入りでした。予想もそんなに高くしていないんですよ。低く見積もっていたのに届かなかった。

従業員の給料も、2年目からちょっとずつ上げるから、と言われていたけど、そりゃ上がらないよねって。それに茂木さんは、映画館というのは365日開いているものだというのが持論で、最初の年は元日もやったんですが、従業員が4人しかいないから誰も休みが取れない。そのまま3月の映画祭に突入するといった感じで、私もあのころの記憶はほとんどありません。振り返ると、どうやってやっていたんだろうと思うほどです。

ただ、始めたときは「1年頑張ろう」みたいなことを言っていたんですが、あるとき、「いや、そうじゃないんだ」と思って。映画館は10年、20年、続けなくちゃいけないと思うようになった。そのためには興行収入だけではうまくいかないから、何かプラスアルファのことをしなきゃいけないなとか、今はそう考えるようになってきています。茂木さんがそういうことをやってくれると思っていたのですが、その茂木さんが映画館を作って4年でいなくなっちゃったんです。

——高崎の映画文化を牽引してきた茂木さんは2008年11月、がんのため、この世を去る。61歳だった。

志尾　茂木さんとしては、もちろん劇場主になりたいという夢があって、プログラムは自分がやるんだというのはありましたが、それより何より、地元の高崎にいる若い人たちが映画に携わりたいというときに、その職場を作ってあげたいという思いが強かった。映画の仕事をしてお金を稼ぐ人は、自分ではなくてこの人たちなんだ。だから俺はそれを支える立場であればいいんだ。という気構えは最初からあったと思います。

発病したのは2006年でした。もともとは舌がんで、舌を3分の1くらい取ったんです。舌がんはちゃんと取っていれば大丈夫と本人も言っていたんですが、悪いことにリンパに転移していて、年齢が若かっただけにそこから進行が早かった。

とにかく不死身の人というか、常に第一線の人で、私たちに対しても、代をゆずろうとか、引き継ぎしようとか、一切なかったので、私たちも、今はやりたくてもやれない茂木さんの居場所を守っておかなくちゃ、みたいな感覚がありました。スタッフの中でそれぞれ考えは違ったのかもしれませんが、私は茂木さんの代わりをしてはいけないと思っていた。こちらが先回りしてやらなくちゃいけないとか、茂木さんの穴を埋めようといったことを言う人もいたけれど、私は茂木さんが動くまではストップしてもいいと思っていました。

2008年3月の第22回映画祭のときは、茂木さんは入院が長引いて、その年のお正月も病院にいました。いつもは12月にはプログラムが出ているんですが、その年は私が頑として動かなくて、茂木さんがやるって言わないからやりません、みたいな感じでした。表立って動くということは絶対にしてはいけないと思っていたので、入院先の栃木の病院までときどき行っては、「どうします?」って相談して。茂木さんも「志尾、やっといて」という人じゃないので、「退院したらやりますか」という感じでしたね。

1月20日ごろに退院して、そこからプログラムから何から始めて、22回は終わったんです。でも次の23回がそろそろ見えてきた11月に、茂木さんは亡くなってしまいました。まさか亡くなるとは思っていなかったので、映画祭どうするんだろう、なんて思ったかどうかも覚えていないほどです。

当時、よく高崎映画祭は茂木映画祭だと言われていました。茂木さんが好きでやっている映画祭だと、地元の人は親しみを込めてそう言っていたんです。茂木映画祭だから、茂木さんがいなくなったら終わるんだとみんな思っていたのですが、すでに会場も押さえてあるし、毎年の流れでいくともう動かないといけない時期になっていた。

そのとき、茂木さんの片腕だった事務局長の常見次郎さんから「茂木はやる気だったから、お前がやれ」って言われたんです。分かりましたとは言ったんですが、ただ代表者になるという気持ちはさらさらありませんでした。どなたか地元の名士がやってくれるだろうという感じで、私は映画祭のプログラムディレクターだし、茂木さんがやっていたことはやるけど、表の看板になるつもりはなかった。映画館に関しても、日々のことをこなしていけば一応進むので、何かそういう感覚しか私の中にはありませんでしたね。

――茂木さん不在で開かれた２００９年の第23回高崎映画祭は、最優秀作品賞の万田邦敏監督、橋口亮輔監督、最優秀監督賞の黒沢清監督、是枝裕和監督をはじめ、映画祭史上初めて受賞者全員が授賞式に参加。茂木さんを追悼する供養の映画祭になった。

志尾　その年はたまたま、いつも会場として使っていた７００席の高崎市文化会館が改装工事で使えず、約３００席の高崎シティギャラリーとシネマテークたかさきしか会場がなくて、じゃあどこで授賞式をやるの?という話になった。そうしたら茂木さんが存命のころ、群馬音楽センターを押さえてきたからって言って。何考えてるんですか、埋められるわけがないって言ったんです。キャパが２０００もあるんですよ。

当時は映画上映するのには７００席も当然いらなくて、授賞式でさえ５００人に満たない年があったくらいです。茂木さんが何とかするんでしょ、と思っていたら、本人が亡くなってしまった。私は授賞式はもうやらなくていいと思ったくらいです。

でもこの年は本当に神がかっていて、その２０００席が埋まってしまった。ゲストの方も、茂木さんのためにと言って来てくださった方が多くて、受賞者全員が登壇しました。豊川悦司さんも「高崎の茂木さんが亡くなったけれども」みたいなことを言ってくださって、お客さまも含めてみなさんが茂木さんのことを思って集まってくれた。

それで大成功を収めたんですが、その次の24回は本当にきつかったですね。私も冷静になっていて、茂木さんに代わってほかの方に代表者になってもらったら、スポンサーがバタバタ降りたりした。私もこのまま先細りしていって、2〜3年で終わってもいいや、その代わり映画館はつぶすわけにいかないから必死にやろう、くらいに思っていました。

でも後になって聞いたことですが、茂木さんの後は志尾が継ぐんだろうと誰もが思っていたのに、いきなり別の人が代表になって、そんな映画祭じゃなかっただろうとみんな思っていたそうなんです。ある地元の人に呼ばれて、「本当にやりたくないならやめればいいけど、周りはそう思っていないんだよ。だって見回してごらんなさい。誰が後を継げるの?」と言われた。私はただプログラムを組むのが好きで、茂木さんたちと仕事をするのが好きでやっていただけだって言ったら、「それは自覚が足りない」と指摘されました。確かに、と思いましたね。映画館をつくるというとき、私は一生ここで頑張っていくんだという覚悟はあったんです。自分の中では意志が決まっていた。でもそれが外には向いていなかったんですね。それで方々に頭を下げにいって、「覚悟がありませんでした。もう一回覚悟し直します」って言いました。25回のときは、自分の中でいろんなことが整理されて、割り切ってできたと思います。

――茂木さんが亡くなってからすでに8年が過ぎ、今年の映画祭で31回目を数える。志尾色も徐々に打ち出してきている。

志尾　なかなか観られない映画を観るというところからスタートした映画祭ですが、今ではさまざまな状況で多様な映画が観られるようになって、全国各地のいろんな映画祭がコンペをやったり、若手を発掘したり、新しい試みをしています。そんな中で、あえてそこをやらずに粛々と映画の上映だけしますとやってきましたが、この30年の歴史をそのまま続けるというのでは、逆にこれまでやってきた人たちに失礼なのではないか。次のステージに行かないといけないだろうな、という意識は25回以降、持つようになってきました。高崎らしい何か、高崎らしいんだけど新しい何かというとき、何ができるだろうと考えるようになったんです。

　海外の映画祭と連携するとか、大学と連携するとか、そういうことをし始めていて、例えば高崎でグランプリを取った作品をドイツの小さな映画館で日本週間をやったときにかけてもらったりしています。そういうことをしながら、あちらの新しい作品を自分で選んで持ってきたいとも思っていて、情報交換をしているところです。東京でしか観られない映画を高崎で観るというところからのスタートだったのが、国内で観られない映画を高崎でまず観て、高崎から全国に広げていく、ということができたら、これは素晴らしいなと思うんです。

　それに市というか、エリア全体で映画祭をもり立てていただいているので、それが高崎のプロモーションにもつながればいいと思っています。今まではあまり地域貢献とか考えないできました。自分たちがやるべきことをやることで、気がついたら地域の役に立っていたというのがベストではないでしょうか。

　構想としてはやりたいことがいっぱいあるのですが、なかなか時間配分がうまくできなくて、気がつくと映画祭の時期になっていて何となく今まで通りにやっている。花開くのはもうちょっと先かもしれませんが、そういうパイプづくりは始めています。

――映画祭、映画館だけでなく、２０１４年には高崎フィルム・コミッションの事業が高崎市から移管された。また市内で最も古い映画館の高崎電気館は、同年、市から委託を受け、１カ月に2週間のプログラムを組んで上映している。

志尾　電気館は、空いている時間は貸し館として市民に使ってもらえるようにしたいというのが市の方針です。最初に映画館を貸しますとなったときに、講演会とか何かの式典で使いたいという申し込みがあったんですが、あくまで映画館なので、映画の上映にこだわりたいと話をしたら、市長も受け入れてくださった。市民がやりたい企画を持ち込んで、映画を上映してもらうというスタイルを取るようにしています。映画になじみがなくても、勉強会で使いたいという人がいたら、環境問題ならこんな映画がありますよとか紹介したりして、映画への興味が広がっていけばいいなと思っているんです。

　シネマテークは、3年ほど前に副支配人だった小林を支配人にして、今は彼女にプログラムも全部任せています。やっぱり10年先、20年先のことを見て何かをしようとすれば、私がここに張り付いていては動けない。

　フィルム・コミッションをやらせてもらうことにしたのもそこにつながっていて、例えば海外のクルーが高崎で撮りたいと作った映画を、高崎で撮ったんだからここでワールドプレミア上映して、高崎から世界に紹介していくということもできるんじゃないか。開拓の余地はいっぱいある気がします。

　今までは映画祭とか映画館といった組織の中

で生きてきた。それがここ数年で、高崎という視点でものを見るようになり、地元の方々との関係性が増えてきたことによって、確実に広がっているという実感があります。

例えば去年の映画祭のオープニングで、群馬交響楽団と華原朋美さんのコンサートをやったんです。何となく昔からそういうのをやりたいなと思っていたのですが、何で映画祭でコンサートをやるんですかと言われたら、そうですよね、で収まっていたのが、高崎という全体で見ると、音楽と映画がジョイントして何が悪いんですかということになる。そういう提案を、あっいいねいいね、と言ってくれる群響の事務局の方がいて、そういう付き合いがまたどんどん増えてくる。私がというより、映画祭だったり、シネマテークも12年つぶれないできたりということが、財産になっているのかなと思いますね。

もともと高崎は、『ここに泉あり』（今井正監督）が撮影されたことからも分かるように、そういう文化的な土壌があるのでしょう。映画祭の予算にしても、昨年30回をやるに当たって、こんなこともやりたい、あんなこともやりたいと言うと、市が、じゃあ足りない200万円を特別に計上しようと言ってくれて、それに対して市議会からも全く質問が出ない。すごいな、ありがたいなと思いますね。市民全体の楽しみとか、文化レベルの向上につながっているという実感が、多分みなさんの中にあるんじゃないかなという気がします。

――最後に、志尾さんの人生にここまで大きな影響を与えた映画の魅力について尋ねた。

志尾　私の中では、映画は人が作るものだという思いがあって、作品の良し悪しはもちろん大事ですが、作った人の思想だったり、顔だったり、感覚だったり、そういうものが見える作品が好きなんです。映画の向こう側みたいなものが多分、好きなんだと思います。

だからなるべく作った人に会いたいと思うんですよね。映画は作品がすべてで、監督さんがどういう思いで作ったかは必要ないという人もいると思いますが、私はむしろそういう向こう側の方が知りたいと思う。こんな映画を作った人ってどういう人なんだろうということに興味があります。

学生のころに思ったのは、映画って1人になれるってこと。人はいるんですよ。知らない人が周りにいっぱいいる。でもその中にいる孤独感。1人だけど孤独じゃないっていうこの絶妙な雰囲気の中にいて、みんなが同じ方向を向いて同じものを観ている。そういう面白さを感じて、1人になりたいときも映画を観にいったし、1人になりたくないときも映画を観にいった。

初めは私もビデオから入っているので、スクリーンが大きくなったからって何が違うんだろうと思っていました。でも映画館に通い始めると、そっちを求めたくなる自分がいた。大音響と大画面というだけではなくて、でも全然違うことは確かです。映画の中にはストーリー以外のものが映っていて、それを観るのは映画館じゃないと分からない。そんな言い方はできるんじゃないでしょうか。

［2017年1月20日 シネマテークたかさきにて］

志尾睦子（しお・むつこ）シネマテークたかさき総支配人
群馬県高崎市生まれ。高崎にあるミニシアター、シネマテークたかさきの総支配人を務めるとともに、NPO法人たかさきコミュニティシネマ代表理事、高崎映画祭プロデューサー、高崎フィルム・コミッション代表も務める。高崎を代表する映画人。大学在学中に始めた高崎映画祭のボランティアで、当時のリーダー・茂木正男氏と出会い、ともにシネマテークたかさきなどを立ち上げる。2008年、茂木氏の早すぎる逝去にあたり、後任のリーダーとして高崎のまちと映画にさらに深くかかわるようになり、高崎と映画の未来のために、日々、精力的な活動を続けている。14年には、01年に閉館していた高崎電気館での定期上映を開始し、100年の歴史を持つ古き良き大映画館を13年の眠りから解き放った。

藤井克郎（ふじい・かつろう）産経新聞文化部編集委員
1960年、福井県生まれ。東京外国語大学卒業後、85年、フジ新聞社（夕刊フジ）入社。産経新聞に異動し、社会部次長、文化部次長、札幌支局長などを経て、現在は文化部編集委員として主に映画と文芸を担当する。文化部記者時代の97年から1年半、映画ジャーナリズムを学びに米ロサンゼルスに留学。日本各地の個性あふれる映画館で映像文化を伝えている人々の思いを取り上げた企画記事「スクリーンとともに」を99年から、「続スクリーンとともに」を2008年から連載。生涯のマイベスト映画はジャック・リヴェット監督『セリーヌとジュリーは舟でゆく』。共著に「戦後史開封」（扶桑社）、「新ライバル物語」（柏書房）など。

シネマテークたかさき10周年おめでとう
「かもめ食堂」上映 もぎり
2014. 12. 6
ほんとは 4日
「へんげ」「大拳銃」
「Trick or Treat」
大畑創 2013.4.2
シネマテークたかさき
2013.1.26
プロジェクトDENGEKI
「わたしの赤ちゃん」 磯谷渚
「静かな家」
「電撃」
2012. 9. 30
「純情No.1」「赤猫」
大工原正樹
ばななとグローブとジンベエザメ

あなたにまた、
あいたかった―

INTERVIEW 杉野希妃

女優デビューは2005年。
そこから現在に至るまでの約10年を、
尋常ではないスピードで駆け抜けてきた杉野希妃。
それは、女優としてだけではなく、プロデューサーとして、
そして2013年からは監督としても。
さらに3本目の監督・主演作となる現在公開中の『雪女』（16年）では、
初めて脚本にも挑戦した。いくつもの顔を持つ才女、杉野希妃。
だが、どの顔であれ、
これまで彼女が情熱を注いできたその対象は、ただひとつ。
それは何かといえば、〝映画〟である。
では、なぜ映画だったのか。そうたずねたところ、杉野からは
「運命づけられていたような気がするんです」という言葉が返ってきた。
運命。漠然とした、きわめて感覚的な答え。
しかし、今回ここで彼女が語ってくれた
約30年の半生を噛みしめていただければ、
その言葉はきっと、生々しさを帯びて迫ってくるはずだ。
杉野のルーツ、生まれ持った気質、
さらには経験した出会いや別れ等のすべてが、
まさに運命的なタイミングで、
彼女を〝映画の人〟にすべく絡み合ってきたのだから。
映画の申し子、杉野希妃。
そんな彼女の、33才にしては密度が濃すぎるバイオグラフィーと共に、
映画への思いが込められた数々の言葉をお届けしたい。

迸る映画への情熱

[なぜ映画をつくるのか]

聞き手（構成・文）＝**塚田泉**　撮影＝**永島明**　衣装提供＝アニエスベー

KIKI
SUGINO

「韓国映画に出たい!」

――日本が〝韓流ブーム〟のまっただ中にあった2006年。主に韓流スター主演の映画が続々と公開されていたその傍らで、8月、やや地味に、しかし〝映画ファン〟からの熱い視線を受けて、未公開韓国映画の映画祭「シネマコリア」が開催された。筆者が初めて杉野希妃の姿を目にしたのは、この映画祭の舞台挨拶でだった。戦後60年を記念してつくられた、韓国の3人の新人監督による日韓合作のオムニバス青春映画『まぶしい一日』(05年)。上映後、杉野は主演者として登壇し、この作品で女優デビューを飾るまでの経緯などについて語ったのだが、そのときに「見た目はガーリーな可愛さ全開なのに、なんという行動力!」と驚いたことを、今でも覚えている。

杉野　大学3年の終わりに、1年間休学して、韓国に語学留学したんです。留学を決断したのは05年の1月なんですが、翌2月にはもう、韓国に行っていました(笑)。現地で『まぶしい一日』の撮影に参加したのは、その数ヶ月後です。韓国では延世大学の語学堂に通っていたんですが、ある日、その語学堂の掲示板で映画のオーディションがあることを知り、すぐにプロフィールと写真を送ってオーディションを受けて、その直後の6月には撮影がスタート。一瞬の出来事といった感じですが、運がよかったんだと思います。

――運のよさ云々の前にまず驚くのは、杉野のその〝即行動!〟の瞬発力。ただし、杉野は何も考えずに行動しているわけではない。彼女の中にはいつも〝こうなりたい〟という思いが溢れ、その機会が訪れたときには迷わず跳ぶ――といったところなのだろう。そもそも韓国に留学したことも、映画のオーディションを受けたことも、それまで抱えてきた熱い思いに突き動かされてのことだったのだ。

杉野　実は私、中・高生の頃は、宝塚歌劇団に入ることが夢だったんです。当時、所属していた演劇部で宝塚のビデオを見たことをきっかけに、とにかくハマってしまいまして。でも、母は、いわゆる〝教育ママ〟だったので、「大学には行ってほしい」と強く言われ、宝塚は断念したんです。それから大学に受かり、生まれ育った広島から上京してすぐに、映画館通いを始めました。きっかけは、単に大学生になって自由な時間ができたからなんですが、宝塚を好きだったその延長線上で(私も演技してみたいな)という気持ちがあったからこそ、自然に映画館に足が向いたのかもしれませんね。

と同時に始まったのが、父親からの〝映画100本ノック〟(笑)。父は、本当は映画監督になりたかったほどの映画好きなんですが、私がひとり暮らしを始めたとたん、広島から映画のDVDをどんどん送ってくるようになったんです。たぶん広島にいる頃は、母の手前、ひかえていたんでしょうね(笑)。

――父親からは、成瀬巳喜男、吉田喜重、フランソワ・トリュフォー等々、洋画邦画問わず、監督別にセットでまとめられたものが送られてきたという。それにプラスして、たとえば、特に推したい『映画に愛をこめて　アメリカの夜』(73年)などには「父のおススメ」なる付箋が貼ってあったりもしたのだとか!

杉野　そんな形で送ってきてくれていたので、映画を系統立てて知っていくことができました。そうやってDVDで過去の作品を学びながら、恵比寿ガーデンシネマやシネマライズなんかに入り浸っているような日々が続いていったのですが、ちょうどその頃に観た『猟奇的な彼女』(01年)によって、今度は一気に韓国映画に持っていかれたんです。それまでは古くさいイメージしかなかった韓国映画にも、こんなスタイリッシュな作品があるんだ!? と驚きまして。で、そこからイ・チャンドン、ホン・サンス、キム・ギドクと監督ごとに辿っていくうちに、これまで見てきた邦画とはまた違う、韓国映画の激しさや深さのようなものに衝撃を受けて、私の中である思いがふつふつと湧きあがってきたんです。

――それは・・・「韓国映画に出たい！」という、マグマのような思いだった。

ボーダーを越えていく

杉野　とはいっても、韓国映画界に知り合いがいるわけではなく、どう入っていったらいいのかもわからない。だったらとりあえず現地に行って、語学の勉強をしながら道を探そうと（笑）。それを両親に伝えると、父は当然のこと、母も喜んでくれました。母は教育ママではありませんでしたが、大学さえ出てくれれば、そこからは自由にしていいという考えだったんですね。あと、母は父との結婚を機に日本に来た韓国の人なので、そういう意味でも嬉しかったんだと思います。当時は父方の祖父が韓国語を喋ることを禁じていたので、私はいっさい韓国語では育てられなかったんですが、母にしてみれば、自分の祖国の言語を知って欲しいという思いはあったんでしょう。

――言語についてだけではなかった。杉野の母は、彼女にいつもこんなことを言っていたのだという。「あなたは日本人でもあり韓国人でもある。そのことを誇りに思って生きていきなさい」と。

杉野　それは母だけではなく、父方の祖父母にもよく言われていました。〝あなたが両国の文化を背負って生まれてきたことは運命で、それがいかに素晴らしいことかをわかっていなさいね〟と。ですから、私の中にはそういう感覚が、幼い頃からずっとあったのですが、それを初めて〝体感〟して、現実の感覚として養えたのが、『まぶしい一日』の現場だったんです。もともとこの映画、日韓の合作だけに、〝日本と韓国は国の違いを越えてひとつなんだ〟ということが大きなテーマでもあって。そういうものを、日韓のスタッフ、キャストが入り乱れてつくる中、幼い頃から心にあった〝ボーダーのない世界で生きていきたい〟という思いが、改めて大きく膨らんでいったんです。

――〝ボーダーを越えていく〟。その後の彼女の活動の根幹となっていくこの哲学に、デビュー作を通していきなり出会った杉野だが、もうひとつ、この現場を経験したことで、強く実感したことがあったのだという。

杉野　幼少期から両親や祖父母に言われてきたことを表現していく場として、もしかしたら映画は最適なんじゃないかと思ったんです。韓国と日本の文化を背負っているということと、あともうひとつ、〝広島〟で生まれ育ったということ。そういうものを持って生まれた自分が、たまたま

杉野希妃 *biography*

1984年
●3月‖広島県広島市に生まれる（3月12日）

中学・高校時代は演劇部に所属
※宝塚歌劇団に憧れ、バレエ、声楽のレッスンにも励む

2002年［18歳］
●4月‖慶應義塾大学経済学部に入学
※映画に目覚め、大学に通いながらワークショップなどに参加し演技の勉強を始める

2003年［19歳］
※韓国映画を次々と鑑賞。韓国映画および韓国への興味が高まる

2005年［21歳］
●2月‖4年次を休学し、韓国・ソウルに語学留学
●4月‖韓国で映画のオーディションに合格
●6月‖『まぶしい一日』（「宝島」篇・主演／05・キム・ソンホ監督・韓国）撮影
●10月‖第10回釜山映画祭『まぶしい一日』、「WIDE ANGLE部門」でワールドプレミア上映
※憧れのキム・ギドク監督に出会う

2006年［22歳］
●2月‖『絶対の愛』（出演／06・キム・ギドク監督・韓国）撮影
●4月‖韓国留学を終え、日本に帰国
●6月‖「スターダストプロモーション」所属となる
●8月‖シネマコリア2006『まぶしい一日』上映
●10月‖第19回東京国際映画祭
※ヤスミン・アフマド監督の傑作『ムクシン』（06・マレーシア）を鑑賞。大いに衝撃を受ける

2007年［23歳］
●3月‖『絶対の愛』公開／慶應義塾大学を卒業
●9月‖『クリアネス』（主演／08・篠原哲雄監督）撮影
※この作品で、後に「和エンタテインメント」を共に立ち上げる小野光輔と出会う

2008年［24歳］
●2月‖『クリアネス』公開
●10月‖第13回釜山国際映画祭『ワスレナグサ』（プロデュース・出演／ヤスミン・アフマド監督）を企画マーケットに出品し、最優秀企画賞を受賞

1 ‖ 2012年エディンバラ国際映画祭オープニング（左:フィリピンのラヴ・ディアス監督） 2 ‖『おだやかな日常』サエコ役　3 ‖『避けられる事』ナオコ役　4 ‖『残香』リナ役　5 ‖『欲動』九美役　6 ‖『禁忌』浅井咲良役　7 ‖『おだやかな日常』スペシャル・アドバイザーのアミール・ナデリ監督と　8 ‖『マンガ肉と僕』熊堀サトミ役　9 ‖ 2014年ロッテルダム映画祭にて審査員の方々と打ち上げ　10 ‖『歓待』小林夏希役　11 ‖『ほとりの朔子』亀田辰子役　12. 13 ‖『雪女』ユキ役　14 ‖ 2014年釜山国際映画祭「Asia Star Awards」新人監督賞受賞、キム・スヒョン、チェ・ミンシク、ピーター・チャン監督らと

映画に惹かれ、さらに実際その現場を経験したことで、何かが一気に結びついたような気がしたんですよ。言ってみれば、〝私の中にあるものを表現する場がやっと与えられた〟といった感覚でしょうか。出会うべくして映画に出会ったというか、まさにコレだな!と思いました。今振り返っても、運命づけられていたような気が、すごくしますね。

――さらに『まぶしい一日』は、杉野に思いもよらないラックをもたらした作品でもあった。彼女が敬愛してやまない、キム・ギドク監督との出会いである。

杉野 『まぶしい一日』がワールドプレミア上映されたのは05年の釜山映画祭なんですが、開催中にどうしても会いたいと思って、〝キム・ギドク監督がいたら絶対教えて!〟といろいろな人にお願いしていたんです。失礼なことに、『まぶしい一日』の監督さんにも(笑)。そしたら監督さんが連れていってくれたあるパーティーに、いたんですよ、キム・ギドクが。しかもキム監督の前の席がたまたま空いていて。で、座ってもいいというので本当に座り、とにかく監督の大ファンです!どんな役でもいいから監督の映画に出たい!ということを、すごい勢いで伝えたんです。

――こうして杉野は、その数ヶ月後、キム・ギドク監督作品『絶対の愛』(06年)に出演し、夢を叶えることとなるのであった。

〝つくり手〟としての一歩

――『絶対の愛』の撮影の後、杉野は予定していた留学期間を終えて帰国し、06年の4月、大学に復学する。先述の「シネマコリア」は、その数ヶ月後に行われたものだが、当時、彼女は女優として活動していくため、スターダストプロモーションに籍を置いたばかりだった。

杉野 その頃は、とにかく演じ手として力をつけていきたいと思っていたのですが、日本には何のツテもない。それをキム・ギドク監督に相談したら、スターダストに話を通してくれたんです。

――そんなキム・ギドクの暗躍により、杉野の日本での芸能活動は始まるのだが、ほどなくして彼女は、もうひとりの〝運命の人〟と出会うこととなる。

杉野 この年の東京国際映画祭で『絶対の愛』が上映されるというので、会場まで行ったんです。そしたら日にちを間違えたのか勘違いだったのか上映されていなくて。で、どうしようかなと会場

●12月‖『ワスレナグサ』製作のため、小野光輔と共に映画製作・制作プロダクション「和エンタテインメント」を立ち上げる

2009年 [25歳]
●7月‖『ワスレナグサ』の撮影を目前にして、ヤスミン・アフマド監督死去。断腸の思いで製作を断念する
●12月‖『避けられる事』(プロデュース・主演・エドモンド・ヨウ監督)撮影

2010年 [26歳]
●6月‖『マジック&ロス』(プロデュース・主演/10・リム・カーワイ監督)撮影

●7月‖『歓待』(プロデュース・主演/10・深田晃司監督)撮影
※100以上の映画祭からオファーを受ける
『歓待』メイキング
『少年少女』(プロデュース・出演)撮影
●10月‖第15回釜山国際映画祭『マジック&ロス』、「A Window on Asian Cinema部門」でワールドプレミア上映
第23回東京国際映画祭『歓待』「日本映画・ある視点部門」で上映、作品賞などを受賞

2011年 [27歳]
●1月‖第40回ロッテルダム国際映画祭『避けられる事』上映
●3月‖東日本大震災発生
『大阪のうさぎたち』(プロデュース・主演/11・イム・テヒョン監督・韓国・日本)撮影
第7回大阪アジアン映画祭『マジック&ロス』「コンペティション部門」で上映
※3月12日、震災の翌日であり、杉野の誕生日にイム監督に声をかけられ、撮影に参加することになる
●4月‖『歓待』公開
●10月‖第24回東京国際映画祭「杉野希妃〜アジア・インディーズのミューズ」特集(『歓待』『まぶしい一日』『避けられる事』『大阪のうさぎたち』『マジック&ロス』+『タレンタイム』の6作品を上映)
●11月‖『マジック&ロス』公開

2012年 [28歳]
●1月‖『おだやかな日常』(プロデュース・主演/12・内田伸輝監督)撮影
●2月‖第33回ヨコハマ映画祭『歓待』で最優秀新人賞を受賞
●3月‖おおさかシネマフェスティバル2012『歓待』で新人女優賞を受賞
『Kalayaan』(共同プロデュース・出演/12・アドルフォ・アリックス・ジュニア監督・フィリピン・オランダ・日・米合作)撮影
●4月‖『残香』(プロデュース・主演/13・エドモンド・ヨウ)撮影
MOOSIC LAB2012審査員を務める
●4〜5月‖第13回全州国際映画祭「韓国短

付近をうろうろしていると、あるおじさまが近づいてきて、〝僕、これ観れなくなったから、チケット譲りますよ〟と。その作品、それまでまったく知らなかったヤスミン・アフマド監督の『ムクシン』（06年）だったんです。

——ヤスミン・アフマドとはマレーシアの女性監督で、詳しくは後述するが、女優である杉野がプロデュース業に足を踏み入れるきっかけをつくったともいえる存在。と考えれば、この日、杉野にチケットを譲り、杉野とヤスミンとを引き合わせてくれた見知らぬおじさまは、プロデューサー・杉野希妃誕生の立役者といえる。

杉野　そうなんです。だからそのおじさまには今でもお会いしたいくらい感謝しているんですよ。だって、私、泣きましたもん。『ムクシン』を見て涙が止まらなくて、上映後に行われたヤスミン監督のトークショーにも感動して、また泣いて……。この映画、10歳の女の子と12才の男の子ムクシンの淡い恋物語なんですが、多民族国家であるマレーシアの中で、民族も宗教も越えていこうとしているヤスミンの精神や思想が投影されてもいる作品なんですね。そういう意味でも、まさに私が大切にしたいと思っていることと合致していて、感銘を受けながら、同時に運命的なものも感じたんです。

——運命、と杉野は言ったが、その後さらに運命としかいえない巡り合わせが、杉野の人生を大きく動かしていくのだった。

杉野　ヤスミンの映画に出会った次の年、私が主演した『クリアネス』（08年）が函館港イルミナシオン映画祭に出品されたので、篠原哲雄監督やプロデューサーと参加したんです。そのときの飲み会で、篠原監督はさっそく酔って寝てしまったので、残されたプロデューサーと2人で話をしていたんですが、彼に〝次はどんな作品をつくるんですか？〟と聞くと、なんと〝ヤスミン・アフマド監督で日本とマレーシアの合作をつくろうと思っている〟と言うんですよ！　あのヤスミンの作品を―!?って、私、興奮状態になって、瞬間的に〝ヤスミンの作品をつくるのなら、何でもいいから携わらせてください！〟と言っていたんです。

——自分はあくまでも演じ手であり、つくり手になりたいとは思ったこともなかった杉野が、〝つくる側の自分〟を初めて意識した瞬間だった。それにしても、あいかわらずの〝即行動〟。杉野希妃は本当に、反射的に生きている！

杉野　そのプロデューサーというのが、今、一緒に組んでいる小野（光輔）なんです。その小野と、翌年の08年にはヤスミン作品の企画に着手し、10月の釜山映画祭には『ワスレナグサ』というタイトルで企画マーケットに出品して、最優秀企画賞を受賞したんですよ。これをきっかけに、年末には製作会社（和エンタテインメント）を小野と共に立ち上げて、翌年の春にはヤスミンがロケ地として気に入っていた石川県でロケハンをしたりと、着々と準備を進めていったんです。

写真右がヤスミン・アフマド監督。中央はアフマド監督作品のミューズで、最近は監督業でも活躍しているシャリファー・アマニ。左は杉野。

——これまたすごいスピード感だが、こうして杉野希妃は、プロデューサーとしての第一歩を歩み始めた、のだが――。

ヤスミンの遺志を継いで

杉野　倒れたと聞いてから3～4日、ずっと祈るような気持ちでいたんですが、とうとう亡くなったという連絡が来て……。

――『ワスレナグサ』の撮影を2ヶ月後にひかえた09年7月。ヤスミン・アフマド監督が、脳出血のため、51才の若さでこの世を去ったのだ。

杉野　ものすごくショックで、その衝撃と傷は、時間がたってもまったく癒えませんでした。ヤスミンのこと以外にも、プロデュース業に足を踏み入れてからは、たとえば〝なんで女優がPをやってるんだ?〟とヘンな目で見られたり、心折れることがあまりにも多かったんです。なので、〝ヤスミンが亡くなったということは、映画製作から手を引けということなのかな〟と思ったりもして……。ちょうどそんな頃、深田監督とお話する機会があったんです。

――後に『歓待』（10年）をはじめとして、何本もの映画で関わることとなる、深田晃司監督である。

杉野　ヤスミンのことで意気消沈しながらもお会いして、そのときは、〝監督の『東京人間喜劇』（09年）が好きです〟なんて話をしたりしました。実はその少し前に、たまたま知り合いから若手監督のDVDを大量にいただいて、その中にあった深田監督の『東京人間喜劇』を見てすごくいいなと思っていたところだったんです。で、そのときは〝何かご一緒できたらいいですね〟ということで別れたんですが、それからすぐ、深田監督から短編映画の脚本が送られてきて。それが、『輪転』と『淵に立つ』だったんです。

――『淵に立つ』（16年）は、16年のカンヌ国際映画祭で「ある視点」部門の審査員賞を受賞し、深田晃司の名を世界に轟かせた作品だが、結局、杉野が選んだのは『輪転』の方だった。『輪転』は、ある男が家に入り込んできたことで崩れていく家族の関係を描きながらも、最後はさまざまな人種が仲良く入り乱れてのどんちゃん騒ぎで幕を閉じる物語。杉野が選んだのも、なるほどと頷ける。結局、この『輪転』は、11年4月、タイトルを『歓待』に変えて公開される。そして、各方面から高い評価を受け、深田晃司監督の名と共に、プロデューサー・杉野希妃の存在を世に知らしめることとなるのだった。

杉野　確かに一度は〝手を引けということかな〟

編映画部門」の審査員を務める
『審査員 希妃による希妃』（プロデュース・撮影・主演／13・イム・テヒョン監督・韓国）
●6～7月‖エディンバラ国際映画祭2012「マイケル・パウエル賞コンペティション部門」の審査員を務める
●7月‖SKIPシティ国際Dシネマ映画祭2012「短編コンペティション部門」の審査員を務める
●8月‖シネアスト・オーガニゼーション・大阪審査員を務める査員
●9月‖『インターミッション』（出演／13・樋口尚文監督）撮影
●10月‖第17回釜山国際映画祭『おだやかな日常』「A Window on Asian Cinema部門」でワールドプレミア上映
『忘却』（監督／日・韓合作）を「アジアンプロジェクト・マーケット」に出品
●11月‖第13回東京フィルメックス『おだやかな日常』「コンペティション部門」で上映
第16回タリン・ブラックナイト映画祭「北欧&バルト三国映画コンペティション部門」の審査員を務める
●12月‖『おだやかな日常』公開
シンポジウム「記憶の写し絵―内戦・テロと震災・原発事故の経験から紡ぐ私たちの新しい物語」

2013年［29歳］
●1月‖若尾文子とのトークショー「キノ×コン！～映画館との新しい出会いを体験できるお祭り！～」
●2月‖『インターミッション』公開
●3月‖第5回沖縄国際映画祭『おだやかな日常』が「クリエイターズ・ファクトリー部門」で最優秀ニュークリエイター賞、女優賞を受賞
●6月‖『桜桃書簡』（プロデュース・監督・主演／13）撮影
第15回台北国際映画祭審査員を務める
杉野希妃特集上映「Filmmakerin Focus：Kiki Sugino」
トークショー「溝口健二ふたたび」
第22回日本映画プロフェッショナル大賞『おだやかな日常』で新進プロデューサー賞を受賞
●7月～8月‖『禁忌』（プロデュース・主演／14・和島香太郎監督）撮影
●8～9月‖『ほとりの朔子』（プロデュース・出演／13・深田晃司監督）撮影
●9月‖『マンガ肉と僕』（監督・プロデュース・主演／14）撮影
●10月‖第26回東京国際映画祭『ほとりの朔子』「コンペティション部門」で上映
●12月‖COSMO FEST TOKYO2013審査員を務める

2014年［30歳］
●1月‖『ほとりの朔子』公開
●1～2月‖第43回ロッテルダム国際映画祭「コンペティション部門 タイガーアワード」の審査員を務める、『ほとりの朔子』「スペクトラム部門」で上映
●2月‖『少年の夢』（監督・脚本・主演）、『補欠』（プロデュース／ヤン・イクチュン監督・

と思いました。でも、深田監督とのお仕事をがんばっていく中で、だんだんとこう思うようになったんです。手を引け、ではなく、〝ヤスミンの遺志を継げ〟ということかも、と。だからいつも思っていました。〝これをヤスミンが見たらどう思うかな?〟と。それは今でも、私が映画をつくるうえでの、ひとつの指標みたいなものになっています。

抑えられないエネルギー

――バイオグラフィーを見ていただくとわかるように、11年、『歓待』の公開と、東京国際映画祭で「杉野希妃～アジア・インディーズのミューズ」として杉野の仕事が特集されたあたりから、ただでさえ旺盛だった彼女の活動が、まるでギアを一気にトップに入れたかのような様相を呈しはじめる。杉野が標榜する〝ボーダーを越えていく〟を実践していくかのごとく、日本のみならずアジア各国の新鋭、気鋭と組んでプロデュース作を次々に送り出し、13年には『マンガ肉と僕』(14年)で、遂に監督業にも進出。さらに、杉野を育てたともいえる〝映画祭〟。この頃には作品を出品するだけでなく、審査員としても頻繁に呼ばれ、世界各国を飛び回っている様子がよくわかる。

杉野　私なんか審査される側の人間なのに大丈夫なのかな～?と思いながらも、映画界を盛り上げたいという気持ちで関わらせてもらってきました。それに、実際、すごく勉強になるんです。たくさんの作品に触れることでどんどん視野が広がるし、一緒に審査をする方々の視点もすごく刺激的ですしね。私にとって映画祭、そして審査員のお仕事は、映画というものに関わっていくうえで、やはりはずせないものだと思っています。

――そんな、国や人種等々の枠を越えての活動に邁進する一方で、殊に11年の3・11以降、〝私たちの社会が今直面しているもの〟を作品の中に織り込むことが、多くなっていったようにもうつるのだが、そのあたり、杉野自身はどう考えてきたのだろう。

杉野　映画は文化的なものでありながら、同時に社会的なものでもある、と私は考えています。そもそも人間を描いていけば、自然に社会性が映し出されるものだとも思っていますしね。ただ、私は広島で生まれ育ったということもあり、作品の中で〝平和〟とは何かを考え、向き合っていきたいという気持ちはやっぱり強くて、ときに戦争だったり原発事故だったりという要素を意識的に入れてしまっているのは確かです。たとえば、深田監督との『ほとりの朔子』(13年)にも、太賀くんが演じる少年を〝福島からの避難者〟という設定にしましたし。でもそれも、さりげなく盛り込めたらいいなというふうに、いつも思っているんですけどね。

――原発事故ということでいえば、12年の『おだやかな日常』は、3・11後に誰もが感じていたなんとなくのもやもやに、正面から向き合った作品だった。その内容もさることながら、事故からさほど時間がたっていない時期につくられたことで、まさに今、私たちが感じている違和感がタイムラグなしに映し出されている!といった生々しさが、静かに衝撃的だったことを思い出す。

杉野　『おだやかな日常』は、原発事故から3ヶ月後ぐらいの時期に、内田(伸輝)監督から声をかけていただいた企画でした。当時、あの事故や放射能について友だちと話したくても、話したら何かを決定的に壊してしまうというか……そういうことを恐れて、他愛のない話をしていた方が無難、みたいな雰囲気がすごくありましたよね。そういう空気に、私自身、違和感を感じていたところにいただいたお話だったので、これは今やるしかない!という感じでしたね。

――映画人の多くはそれぞれに、3・11ショックの中、今自分たちが描くべきことは何なのかと、まだまだ模索していたような時期である。と考えると、そうとうに早い段階での決断だったといえるのだが、即行動！の杉野とはいえ、そこに恐れなどはなかったのだろうか。

杉野　確かに、同じ時期に撮っていた劇映画は『ヒミズ』（11年）の園子温監督ぐらいでしたよね。でも、恐れはまったくなかったです。逆に、今撮らないでどうするんだと。これは、『おだやかな日常』に限らず、これまでのどの作品もそう思ってつくってきました。〝今を逃さないように生きなきゃ〟と。だから、よく〝バイタリティがあるね〟と言われるんですが、私にとってはそれが自然というか、当たり前なんですよね。いつもエネルギーがありあまっているんです。これは――どうも生まれ持ったもののような気がします。昔から、自分の中のエネルギーが抑えられない！　このマグマのようなものをどう処理したらいいんだ！　みたいな感じでしたから（笑）。

『雪女』の撮影現場。衣装である喪服をまとって。

「雪女」を新たな視点で

――どこか往年の映画女優を思わせるクラシカルなその美貌を前にすると、なかなかイメージしがたいのだが、杉野の内にあるという抑えがたきマグマが、映画人としての彼女の大きな動力となってきたことは、よく理解できた。ただ、そのマグマさえも彼女を動かせなかった一時期が、実はある。15年1月。ロッテルダム国際映画祭に出品した『3泊4日、5時の鐘』（14年）の舞台挨拶を終えた後、杉野は交通事故にあい、活動の大幅なセーブを余儀なくされたのだった。

杉野　私が初めて表紙を飾る「AERA」の発売日が1月26日。事故にあったのは、その前日の25日。せっかく「AERA」の表紙になるのに、何なんだこのタイミングは！　と泣きましたよ（笑）。

韓国）の2作品で『ショートプレイ』（31篇の短編映画制作プロジェクト）に参加
●**4月**‖『欲動』（監督・共同プロデュース・出演／14）撮影
●**5～8月**‖神戸新聞夕刊「随想」欄連載
●**8月**‖『3泊4日、5時の鐘』（プロデュース・出演／14・三澤拓哉監督）撮影
『群青色の、とおり道』（出演／15・佐々部清監督）撮影
●**10月**‖第19回釜山国際映画祭『欲動』で「Asia star award2014」最優秀新人監督賞を受賞／第27回東京国際映画祭『マンガ肉と僕』「アジアの未来部門」で上映
●**11月**‖『欲動』公開／第16回DigiCon6 ASIA審査委員長を務める

2015年［31歳］
●**1～2月**‖第44回ロッテルダム国際映画祭『3泊4日、5時の鐘』「Bright Future部門」で上映※舞台挨拶後、三澤監督と共に交通事故にあい両足を骨折。現地の病院で5回手術。帰国後、広島大学病院に入院、1回手術
●**3月**‖第10回おおさかシネマフェスティバル『欲動』で新人監督賞受賞
●**4月～**‖朝日新聞夕刊「キキキネマ」連載開始／第5回北京国際映画祭『3泊4日、5時の鐘』が「注目未来部門」（新人コンペティション部門）で脚本賞を受賞
●**6月**‖エディンバラ国際映画祭、『マンガ肉と僕』上映／ニューヨーク・アジア映画祭『欲動』上映
●**7月**‖『群青色の、とおり道』公開
●**8月**‖広島大学病院で手術
『海の底からモナムール』（出演／17・ロナン・ジレ監督・日・仏合作）撮影
●**9月**‖『3泊4日、5時の鐘』公開
●**11月**‖第17回DigiCon6 ASIA審査委員長を務める

2016年［32歳］
●**2月**‖『マンガ肉と僕』公開
●**2～3月**‖『雪女』（監督・脚本・主演／17）撮影
●**3月**‖青山フィルムメイト2016審査員を務める
●**6月**‖第18回ショート ショート フィルムフェスティバル＆アジア2016「地球を救え！部門」の審査員を務める
●**7月**‖国際平和シンポジウム「核兵器廃絶への道～オバマ時代から未来へ」
●**9～10月**‖『ユキとの写真』（主演／17・ラチェザー・アヴラモフ監督・ブルガリア）撮影
●**10月**‖第29回東京国際映画祭『雪女』「コンペティション部門」で上映
●**11月**‖第18回DigiCon6 ASIA審査委員長を務める
●**12月**‖第29回早稲田映画まつり審査員を務める

2017年［33歳］
●**3月**‖『雪女』公開

（2017年4月現在）

さらには、私の最新監督・主演作の『雪女』も、この事故がなければその年の2～3月で撮っていたはずなんです……。そんなこともあって、心身共に本当に辛かったんですが、どうがんばっても半年以上、休まなければならないのなら、『雪女』の脚本に納得いっていなかった部分もあったので、自分で全部書き直してみようと思ったんです。脚本は、短編でしたら書いたことはありますが、長編はこれが初めてだったので、実際には2人の脚本家さんに手伝ってもらって、3人で書き直したわけですが。

――日本各地の伝承をもとにした、小泉八雲の怪奇文学集「怪談」。その中の一篇である「雪女」は、杉野が長いこと映画化を切望してきた物語だった。登場人物の心理描写もない短い話。そのため、さまざまな解釈が可能。療養中の杉野は、事故がなければ撮影するはずだった脚本から一度離れ、「雪女」という物語に対峙し直したのだった。

杉野　結局、書き直した脚本は、前の脚本とはまったく違うものになりました。もともと考えていた『雪女』は、民俗学的な視点から〝村〟というものを中心的に描いていたんですね。それこそ夜這いの話なんかも入れ込んだりして。でも入院中に、ふっと思ったんです。村がどうだとか妖怪話だとか、そういうことではなく、〝見えないものの感覚〟を描くような、つまりは〝魂の話〟にしたいなと。

――事故にあったことで立ち止まり、これまでの自分を振り返ると、ずっとアウトプット、アウトプットの日々だった。そういえば、ここ数年、大好きな本もあまり読んでいない――。そうやって、入院中、ずっと読みたかった「百年の孤独」などを読みながら、ゆっくり自分を俯瞰していく中で培われていったのが、〝見えないものこそ真実だ〟という感覚だったのだ。

杉野　その感覚に素直に従って、雪女を〝死を迎えにいく存在〟というか、〝見えない者の代弁者〟的な立ち位置で描いたら、新しい視点になるんじゃないかなと。いずれにしても、完成した『雪女』は、事故にあって立ち止まってみたから生まれてきたものであって、だからこそ、今の私にとっては、すごく愛すべき作品なんです。

――では、『雪女』が事故の前と後でガラッと変わったように、杉野希妃自身の感覚や活動にも、何か変化は訪れたのだろうか。

杉野　そうですね、今まで死にもの狂いで駆け抜けてきたのは確かなので、これからはもう少し、外に対しても内に対しても、じっくり向き合いながらつくっていけたらいいなーという感覚にはなっていますね。あと、ここまで走ってきて、〝ちょっと同じことを繰り返している感〟を感じはじめているので、何か今までとは違うやり方なり何なりを模索する時期かな、とも思っています。

――それは、たとえば、ずっと一途に向き合い続けてきた映画ではなく、別の表現方法にチャレンジする可能性なども含んでいるのだろうか。

杉野　ごめんなさい、自分でもまだよくわからないんですが、たとえばスクリーンに映像を流しながらパフォーマンスをしてみるとか、横で楽器を使って演奏するとか？　実際、これは、いつかやってみたいと思っているんですよ。あるいは、今までと違うものをと漠然と思っているのは、もしかしたら……私自身の〝人生〟全般についてなのかもしれませんね（笑）。

――などと意味深な笑みを洩らしながら

杉野　でも、あれもこれもしたいなという中で、実際の企画が山積みで！

――と、嬉しそうに悲鳴をあげる杉野希妃。〝映画の人〟としての多忙な日々は、まだまだ続いていきそうである。

［2017年1月25日 Bunkamuraロビーラウンジにて］

John le Carré *Special*

ジョン・ル・カレ

文学と映画のエンターテインメント

僕らのル・カレ体験は、その小説を読んでも、その作品を映画化したものを観てもそのテイストは同じであり、また次へ繋がる期待感は果てしない。小説巧者と言われ、行動力、取材力にたけ、ジャーナリストとしても一流だからである。スパイ小説家、エンターテインメントな作家として知られているが、文学的な奥行きは深く、池澤夏樹や、真山仁など多くの作家がル・カレを好んで讃えている。ル・カレは、本名をディヴィッド・ジョン・ムア・コーンウェルといい、イギリス・イングランドで生まれている。スイスのベルン大学、オックスフォード大学で学び、外務英連邦省に入りM16に所属している。おもにドイツのボン大使館、ハンブルク領事館で働く。その外交官としてのキャリアが小説の源流をなしているのである。「死者にかかってきた電話」でデビューし1963年の「寒い国から帰ってきたスパイ」でエドガー賞長編賞を受賞し世界にその名を知られるようになった。人間関係の繊細な筋を絶妙に描きながら、米国のCIA、英国のM16、ソ連のKGBなど国家の争いが、ル・カレの東西冷戦時のスパイ小説のステージなのである。いま生きているこの世界のリアルな問題が浮かび上がってくる。ここにル・カレの主な作品と全著作を紹介する。映画を観るように小説を読み、原作を読むように映画を観てほしい。ル・カレの映画作品を観ることは、今の世界にとても意義のあることだと思う。「ジャックと豆の木」では、近々、ル・カレの物語世界を連続上映することで、小説と映画の向かい合う醍醐味を充分に味わってもらおうと考えている。乞うご期待！

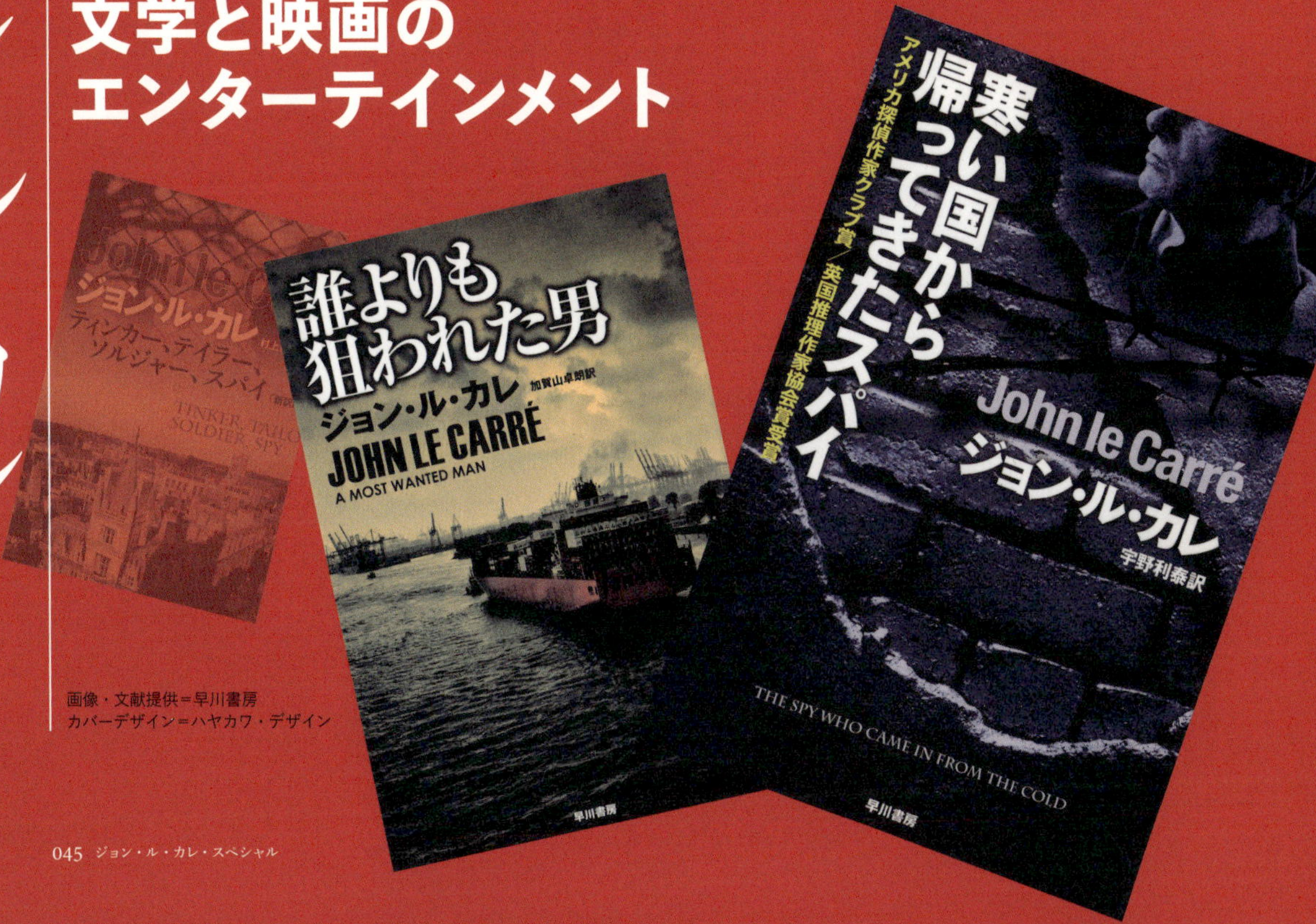

画像・文献提供＝早川書房
カバーデザイン＝ハヤカワ・デザイン

John le Carré *Special*

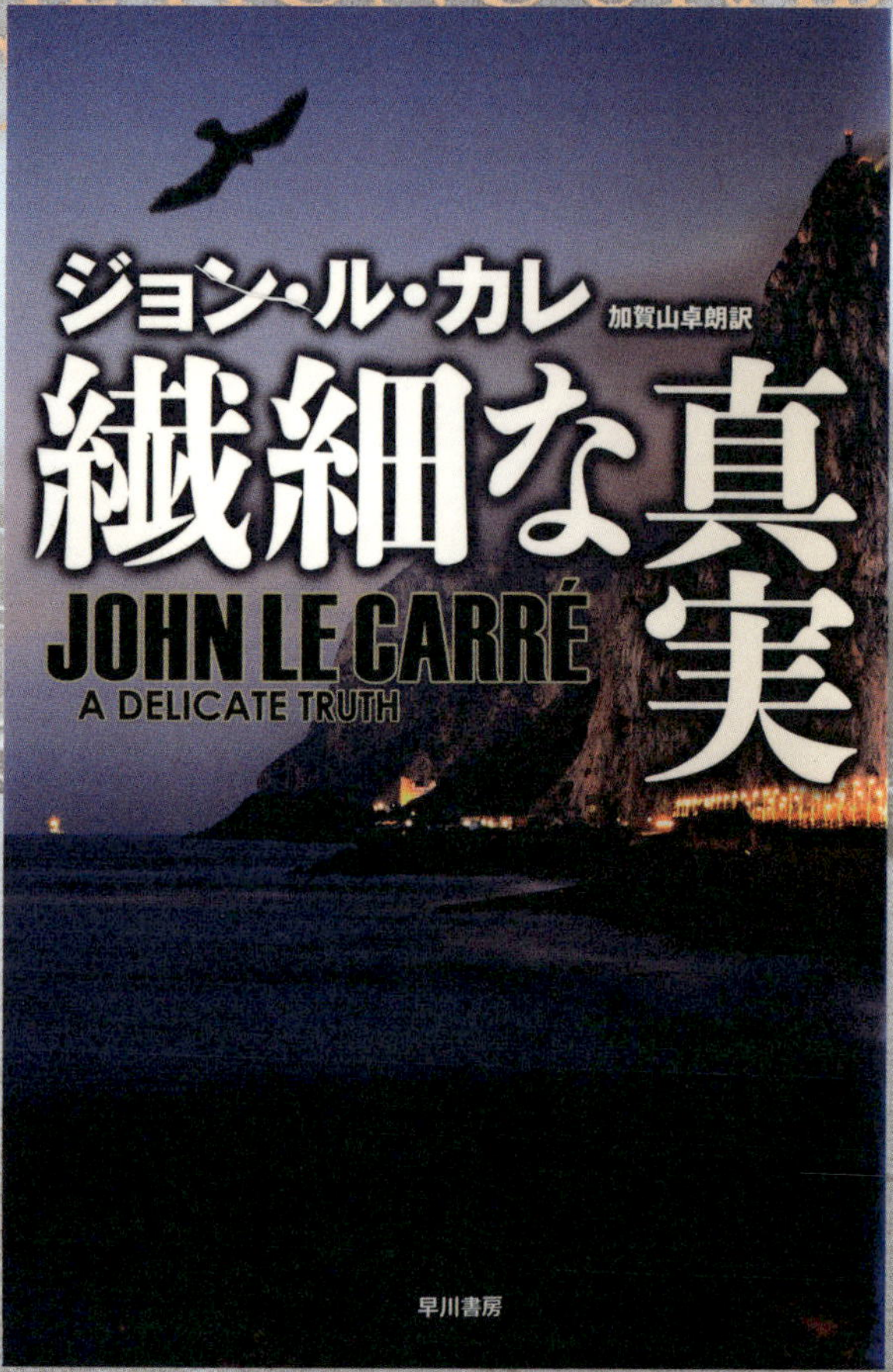

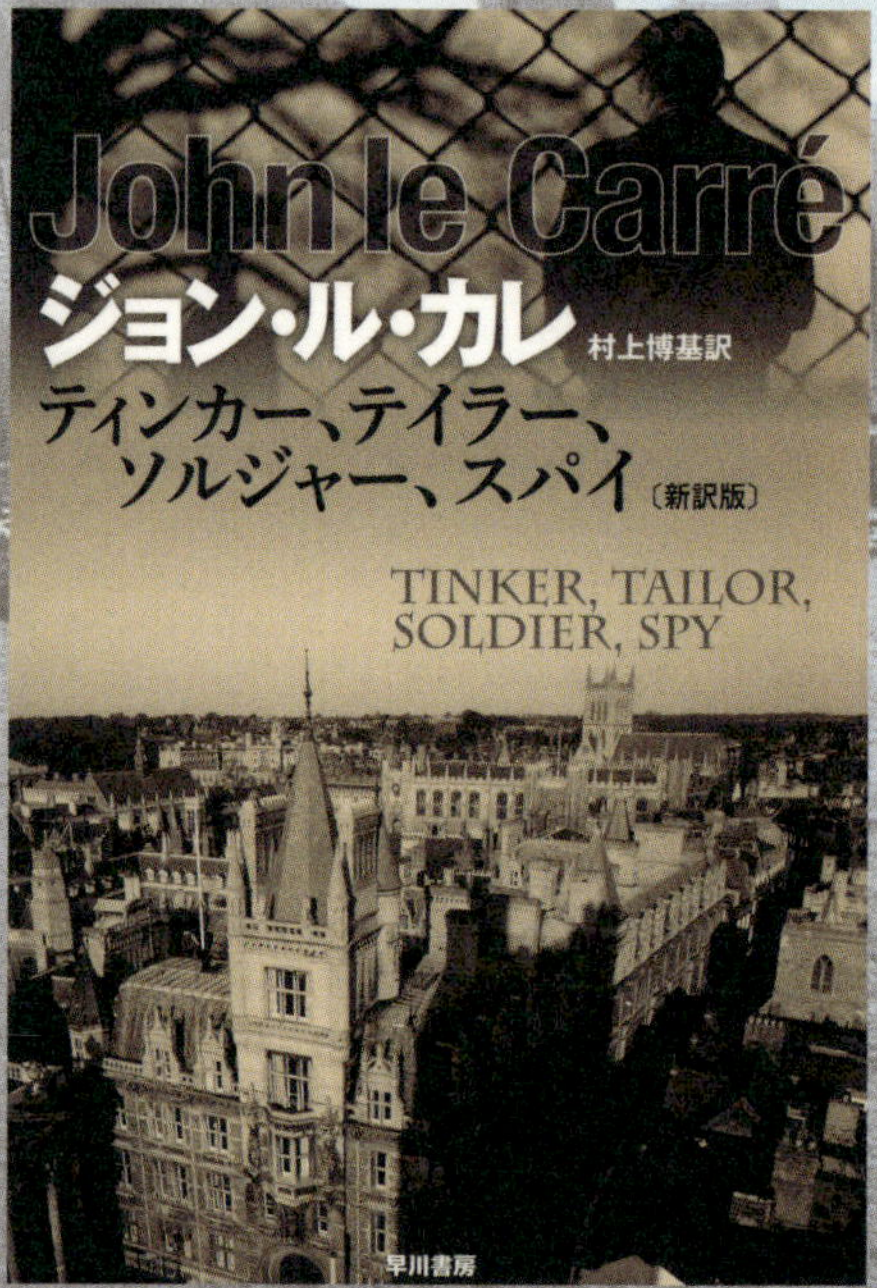

ジョン・ル・カレ作品リスト

＊映画化作品

「繊細な真実」 2013／ハヤカワ文庫（2016）
「われらが背きし者」 2010／岩波書店（2012）

＊『われらが背きし者』
監督 スザンナ・ホワイト　主演 ユアン・マクレガー（2016）

「誰よりも狙われた男」 2008／ハヤカワ文庫（2014）

＊『誰よりも狙われた男』
監督 アントン・コービン（2014）

「ミッション・ソング」 2006／光文社文庫（2011）
「サラマンダーは炎のなかに」 2003／光文社文庫（2008）
「ナイロビの蜂」 2001／集英社文庫（2003）

＊『ナイロビの蜂』
監督 フェルナンド・メイレレス　脚本 ジェフリー・ケイン（2005）

「シングル＆シングル」 1999／集英社（2000）
「ナイト・マネジャー」 1993／ハヤカワ文庫（1998）
「パナマの仕立屋」 1997／集英社（1999）

＊『テイラー・オブ・パナマ』
監督：脚本 ジョン・ブアマン（2001）

「われらのゲーム」 1996／ハヤカワ文庫（1999）
「影の巡礼者」 1990／ハヤカワ文庫（1997）
「ロシア・ハウス」 1989／ハヤカワ文庫（1996）

＊『ロシア・ハウス』
監督 フレッド・スケピシ（1990）

「パーフェクト・スパイ」 1986／ハヤカワ文庫（1994）
「リトル・ドラマー・ガール」 1983／ハヤカワ文庫（1991）

＊『リトル・ドラマー・ガール』
ジョージ・ロイ・ヒル監督　主演 ダイアン・キートン（1984）

「スマイリーと仲間たち」 1979／ハヤカワ文庫（1987）
「スクールボーイ閣下」 1977／ハヤカワ文庫（1987）
「ティンカー、テイラー、ソルジャー、スパイ」 1974／ハヤカワ文庫（1975）

＊『裏切りのサーカス』
監督 トーマス・アルフレッドソン　総指揮 ル・カレ（2011）

「ドイツの小さな町」 1968／ハヤカワ文庫（1990）
「鏡の国の戦争」 1965／ハヤカワ文庫（1980）

＊『鏡の国の戦争』
監督 フランク・ピアソン（1968）

「寒い国から帰ってきたスパイ」 1963／ハヤカワ文庫（1964）

＊『寒い国から帰ってきたスパイ』
主演 リチャード・バートン（1965）

「高貴なる殺人」 1962／ハヤカワ文庫（1979）
「死者にかかってきた電話」 1961／ハヤカワ文庫（1978）

『寒い国から帰ってきたスパイ』（1965）リチャード・バートン

Miki Nagashima's

Cinema Collage

『スーザンを探して』コラージュ作＝永島幹

漫画と映画の親密な関係

漫画の劇映画化年代記

石子順

石子順（いしこ・じゅん）
映画・漫画評論家、日本漫画家協会理事
1935年、京都市生まれ。新聞記者の父と満州（中国東北部）で過ごし、53年帰国。61年、東洋大学文学部卒業。62年より映画評論の執筆を開始。中国映画の字幕翻訳を経て、67年、手塚治虫漫画に出会って漫画研究を始め、以来20年以上、手塚氏と交流を深めた。毎日新聞夕刊に「新マンガ学」、東京新聞夕刊に「映画366日館」を連載。2006年まで和光大学教授を勤めた。今も映画、漫画の評論活動を続けている。著書に『日本漫画史』（大月書店）、『平和の探求・手塚治虫の原点』（新日本出版社）、『試写会への招待状』（ヘラルド出版）、『映画366日館』（社会思想社）、『中国映画の散歩』（日中出版）、『中国映画の明星 男優篇』と『女優編』（平凡社）、『漫画は戦争を忘れない』（新日本出版社）など多数。赤塚不二夫、ちばてつや、森田拳次たちと中国引揚げ漫画家の会を結成。共著『中国からの引揚げ　少年たちの記憶』で第6回文化庁メディア芸術祭特別賞受賞。

いまや漫画＝コミックの力が日本映画を支えているようだ。日本映画製作者連盟によると２０１６年の映画興行収入は２３５５億円（うち邦画は１４８６億円）だった。１位の「君の名は。」２３５億６千万円、２位の「シン・ゴジラ」82億５千万円で合わせて３１８億円だ。昨年度に漫画から劇映画化されたのは41本で、これまでの最多となった。10億円以上の興収をあげた劇映画、アニメ作品は42本あるがそのうち漫画の実写映画は「信長協奏曲」「デスノート」「暗殺教室」など11本をしめている。アニメは10本でうち６本が漫画原作ものだ。

このような時代になるとは想像もつかないことだった。漫画はどのように映画の力になったか。年代記的に見ていくと――

漫画の喜劇映画時代

漫画は笑いがある。滑稽でユーモアあふれる。非日常的で、コメディ的で、おかしなもの、トッピなもの、とびぬけておかしなものでずっこけていくのが漫画のキャラクターだった。そのため喜劇的な映画の素材として漫画は使われた。「ノンキナトウサン」「江戸っ子健ちゃん」などだ。

杉浦幸雄が轟夕起子をイメージして描いたという婦人雑誌連載漫画「銃後のハナ子さん」がマキノ正博監督で「ハナ子さん」という題名で１９４３年に映画化された。人気女優轟夕起子が「お使いは自転車に乗って〜」と歌声も明るくはずむように自転車で走るシーンが輝いていた。戦争色あふれるなか―小学生でこの映画を満州の辺鄙な承徳の映画館で見たとき、その美しくてかっこ良さに、まだ知らない日本という国のいいところを見たような感じがした。もとの漫画は見ていたようだがとにかくハナ子さんは綺麗だった。日本に帰国したのは53年のことで中国では見たこともないテレビの放映が始まっていた。

54年には倉金章介の「あんみつ姫」が雪村いづみや松島とも子で11月に２本、公開された。「七人の侍」や「ゴジラ」の迫力に圧倒された年だった。それより前、46年に麻生豊の「のんきな父さん」が小杉勇、マキノ正博監督で出ている。47年には秋好馨の「轟先生」が古川ロッパで、50年には横山隆一の「ペ子ちゃんとデン助」が笠置シヅ子で、53年には横山泰三の「プーサン」が市川崑監督、伊藤雄之助で映画化されていた。

56年に榎本健一が演じる「ますらお派出夫会」、フランキー堺の横山隆一「デンスケの宣伝狂」があって、12月に長谷川町子「サザエさん」が青柳信雄監督・江利チエミで映画になった。これは61年の「福の神サザエさん一家」まで、青春、婚約、結婚、赤ちゃん誕生と5年間10本、サザエさんそっくりな髪形で明るく可愛らしく江利チエミが続けた。

57年に柳家金語楼の秋好馨漫画「ますらお派出夫会」と西川辰美の「おトラさん」が、58年に加藤芳郎の「オンボロ人生」が益田喜頓であらわれた。61年には、水谷良重で杉浦幸雄の「アトミックのおぼん」、坂本九で秋好馨の「アワモリ君」、岡部冬彦の「アッちゃん」が映画化された。

子ども漫画では57年に福井英一と武内つなよしの「赤胴鈴之助」の映画化が加戸敏監督・梅若正二で始まった。監督は代わり、主役も代わって58年末まで9本撮影されたが子ども映画のイメージが強くて、東映など時代劇スターの活躍の中で消えていった。60年に桑田二郎の「まぼろし探偵」が加藤弘主演で3本撮られたが続かず、鰐淵晴子主演の「あんみつ姫の武者修行」もあったがふるわなかった。

70〜90年代─劇画疾風怒涛時代

70年に入るとガラリと変わった。

5月に永井豪の「ハレンチ学園」が児島美ゆき主演、丹野雄二監督で日活が映画化して驚かせた。3作まで続いてナンセンス+エロで学園映画から大きく脱線した。スポーツ根性漫画が桜井健一で「柔道一直線」、岡田可愛で「サインはV!」、石橋正次で「あしたのジョー」と映画化された。

子どもの漫画から青少年むきの漫画で劇画といわれるリアルで強烈な作品が怒涛の如くあらわれた。ジョージ秋山の「銭ゲバ」も唐十郎の真に迫る演技で見られた。高橋英樹が小島剛夕の「土忍記　風の天狗」に挑んだ。

72年早々、小池一夫作、小島剛夕画、三隅研次監督の「子連れ狼　子を貸し腕貸しつかまつる」が、青年劇画の強烈さで映画界を動かした。若山富三郎の豪快な剣技と幼児の可憐さが悲運に屈しない強さとなってほとばしった。漫画が劇画といわれるようになりそれが映画と結びついて新しい視覚文化となったことを示した。この年に「子連れ狼」は4作映画化された。これと競い合ったのは伊藤俊也監督で、梶芽衣子主演、篠原とおるの「女囚701号／さそり」が非情な運命とたたかう孤独な女の強い美しさを見せた。

劇画は平面に線で描かれるが、映画は俳優という肉体を持って立体化する。俳優の動きとせりふ、音声と音楽とがぶつかり合って見る者を釘づけにする。73年には、上村一夫の鮮烈な線描が山根成之監督の「同棲時代　今日子と次郎」となり、画面から飛び出した由美かおるの肢体がまぶしかった。さいとうたかをの「ゴルゴ13」が、佐藤純彌監督、高倉健によって年末公開正月映画としてスクリーンにあらわれたが、着流し姿の健さんの印象が強くて続かなかった。古谷三敏のギャグ漫画「ダメおやじ」が野村芳太郎監督、三波伸介主演で登場。小池一夫作、上村一夫画、藤田敏八監督、梶芽衣子の女時代劇「修羅雪姫」もあった。

74年には里中満智子の少女漫画「あした輝く」を浅田美代子、志垣太郎で山根成之監督が映画化。満州から引き揚げて、戦後を生きる女の一生を見せて少女漫画もこういう女性ドラマになるのだということを示した。モンキー・パンチの「ルパン三世」も「念力珍作戦」でルパンが目黒祐樹、銭形が伊東四朗、次元が田中邦衛、監督は坪島孝で映画になったが、軽妙感に乏しかった。梶原一騎・ながやす巧画「愛と誠」も山根成之監督で歌手西城秀樹が新人早乙女愛と共演し話題となった。

76年に中沢啓治の「はだしのゲン」が佐藤健太、三國連太郎、左幸子の両親役で山田典吾監督が映画化。強烈な反原爆映画となって三作まで撮られた。被爆者としての中沢啓治の注文はなかなか生かされなかったが大きな反響を呼んだ。これと対照的だったのがどおくまんの「嗚呼!!花の応援団」で曽根中生監督が無理に映画化した感じだった。

77年には水島新司の野球漫画の映画化が2本。「野球狂の詩」は木之内みどりが少女投手役で「ドカベン」は鈴木則文監督だった。深作欣二監督も千葉真一で武論尊の「ドーベルマン刑事」を映画化した。手塚治虫の「ブラック・ジャック」の「春一番」を「瞳の中の訪問者」として映画化したのは大林宣彦監督でB・Jは宍戸錠という思い切った配役で、片平なぎさが眼を手術したヒロインだった。せんだみつおが秋本治の「こちら葛飾区亀有公園前派出所」で両津巡査役を演じ、まじめな同僚を浜田光夫が演じていた。

78年には手塚治虫の「火の鳥・黎明編」が谷川俊太郎脚本、市川崑監督で映画化。高峰三枝子のヒミコ、若山富三郎の猿田彦に、仲代達矢、草刈正雄が出演した。長谷川法世の「博多っ子純情」は少年光石研が印象的だった。79年、池田理代子の「ベルサイユのばら」もジャック・ドゥミ監督、カトリーナ・マッコールで映画化された。ファンは賛否両論。私は「11ｐＭ」に出演して大橋巨泉と少女漫画が世界に出る可能性などを話した。

80年代、男性アクション系に代わって女性系漫画が増えて映画化もその傾向に動く。柳沢きみおの「翔んだカップル」を相米慎二監督が鶴見辰吾で撮り、村生ミオの「胸さわぎの放課後」なども出た。あだち充の「みゆき」を井筒和幸監督が永瀬正敏で撮り、庄司陽子の「生徒諸君!」を小泉今日子で西河克己監督が撮った。松本零士の「元祖大四畳半大物語」を曽根中生監督が、青柳裕介の「土佐の一本釣り」を前田陽一監督が加藤純平、田中好子出演で撮った。

きうちかずひろの「ビーバップ・ハイスクール」に仲村トオルが出演して88年まで6作。86年の高橋留美子の「めぞん一刻」は、澤井信一郎監督、石原真理子、石黒賢ではらはらさせた。漫画の映画化は若手タレントの映画出演の機会を作った。87年に南野陽子が和田慎二の「スケバン刑事」に出て、大和和紀の「はいからさんが通る」で阿部寛と共演した。菊池桃子が吉田まゆみの「アイドルを探せ」。三田寛子が庄司陽子の「Let's 豪徳寺!」、江口洋介が吉田聡の「湘南爆走族」、林泰文が楳図かずおの「漂流教室」、森田健作が津雲むつみの「おれは男だ!」に出演した。

88年にはやまさき十三作、北見けんいち画の「釣りバカ日誌」が栗山富夫監督、西田敏行、三國連太郎共演で始まった。山田洋次たちの脚本参加もあって釣りと社長とダメ社員でサラリーマン映画に新風を吹きこみ、2009年まで20作連続映画化という記録を作って世の中を楽しくさせた。

少女漫画家の大島弓子「四月怪談」は中嶋朋子、萩尾望都の「1999年の夏休み」は宮島依里、高田里純の「花のあすか組!」はつみきみほ出演によって映画化。89年に岡野玲子の「ファンシィダンス」は周防正行監督で本木雅弘の新鮮な実力を引き出した。浦沢直樹「YAWARA!」が吉田一夫監督、浅香唯で少女柔道を見せた。

90年代は2本の強烈作で始まった。山本おさむの「遥かなる甲子園」を大沢豊監督が撮った。沖縄米軍基地から広がった妊婦の風疹感染で聴覚障害となった少年たちの高校野球チームが甲子園をめざして努力する。藤子不二雄Ⓐが柏原兵三の小説を漫画にし、さらに出資して篠田正浩監督が映画化した「少年時代」。戦時下、疎開先でいじめ集団の争いに巻こまれた東京の子どもの友情を描く。この年の日本アカデミー賞最優秀作品賞などを受賞。

女子高校演劇部内トラブルを描く吉田秋生の「櫻の園」が中原俊監督、中島ひろ子によって映画化され少女たちの内心の緊迫感を描破。望月峯太郎の「バタアシ金魚」は松岡錠司監督、筒井道隆、竹岡早紀で映画に。園山俊二の「ペエスケ ガタピシ物語」は久し振りの四コマ漫画の映画で所ジョージの雰囲気で笑わせた。つげ義春の世界「無能の人」は監督・主演した竹中直人の才人ぶりが見られた。森田芳光監督が挑んだのは藤子・F・不二雄の「未来の想い出 Last Christmas」で、清水美沙で泣かせた。武田鉄矢原作・主演、高井研一郎の漫画「プロゴルファー織部金次郎」は杉村六郎監督、武田鉄矢監督で5本映画化された。神屋葉子の「花より男子」は内田有紀が可愛らしい。鈴木由美子の「白鳥麗子でございます!」は松雪泰子が高慢ちきな女性をおもしろく見せた。「サラリーマン専科」は東海林さだおのユーモア漫画の映画化。朝原雄三監督が三宅裕司にサラリーマンの悲哀を必死に演じさせて笑いを誘った。

「美味しんぼ」で佐藤浩市が主人公に扮した。雁屋哲、花咲アキラが描くイメージと違っているが森崎東監督は正しい食に執着する男のリアル感を引き出していた。97年に天樹征丸、金成陽三郎、堤幸彦監督の「金田一少年の事件簿・上海魚人伝説」が出た。堂本剛は少年探偵の行動派ぶりを見せた。

98年、安田弘之の「ショムニ」を高島礼子が主演、渡邊孝好監督で庶務二課のOLたちの人間模様を描く。

21世紀はCG時代

21世紀の16年間は漫画の映画化ラッシュ状態、400本以上が映画化された。50年代から90年代までの50年間は340本だった。21世紀はCG時代といえる。漫画がペンで描けても映画では難しい表現をCGが解決して見せてくれる。この16年を1年あたり2～3作で見てその流れを追ってみる。

00年、手塚治虫の「ガラスの脳」は中田秀夫監督で事故で眠り続けた女の子が17歳で目覚める。彼女を守り続けた青年は結婚するが幸せは短い。

川辺優の哀川翔主演、小澤啓一監督の「修羅がゆく13」で完結した。この一年でも3作連続して名古屋や九州で死闘をくり広げたそのバイタリティ。

01年、佐藤マコトの「サトラレ」は架空の病名で、本広克行監督・安藤政信で、その患者と医者たちによって恐怖をとらえていく。横山光輝の忍者もの「RED SHADOW 赤影」は中野裕之監督・安藤政信で、21世紀によみがえった。

02年、石ノ森章太郎の「化粧師 KEWAISHI」は田中光敏監督・椎名桔平主演で庶民の苦しみ、その生き方を社会背景とともによく描いていた。松本大洋の「青い春」は豊田利晃監督、松田龍平で高校生の痛切な瞬間をとらえたが、同じ作家の「ピンポン」は曽利文彦監督、新人窪塚洋介で卓球少年の躍動感にあふれ、卓球選手権大会の魅力を存分にとらえていた。

花輪和一の自分の獄中体験を描いた「刑務所の中」が崔洋一監督で映画化された。山崎努がその狭い空間に囚われた人間の感覚をリアルに見せた。

「どろろ」©手塚プロダクション（秋田書店刊）
「ベルサイユのばら」©池田理代子プロダクション／集英社マーガレットコミックス
「夕凪の街 桜の国」©こうの史代／双葉社
「子連れ狼」原作/小池一夫、作画/小島剛夕

03年に出た小山ゆうの「あずみ」は北村龍平監督が子ども同士を戦わせて生き残った者が忍者としてきたえられていく残酷さを鮮烈に見せた。上戸彩が女忍者に成長していくさまは痛ましい美しさがあった。

仲宗根みいこの「ホテル・ハイビスカス」は中江裕司監督、蔵下穂波で沖縄の小ホテルに親の違う子どもたちと大人との関係が南国の太陽のように明るい。西原理恵子の「ぼくんち」は阪本順治監督と観月ありさで、へこたれない生き方を見せ、西原漫画の面白さがにじむ。

04年の佐藤秀峰の「海猿」は衝撃的だった。海上保安庁特殊救難隊隊員たちの海難事故での救命活動。羽住英一郎監督で伊藤英明はじめ潜水士の引きしまった身体と敏捷な行動の迫力と男の友情。これは漫画と映画が結びついたから描くことができた海水との戦い。

藤子不二雄Ⓐの「NIN×NIN 忍者ハットリくん THE MOVIE」はよくも映画になったと感心。香取慎吾の身体表現は忍者的で、鈴木雅之監督も愉快に演出していた。

05年、横山光輝「鉄人28号」も映画になるんだと感心したのが冨樫森監督と池松壮亮の動き。矢沢あいの「NANA」は中島美嘉と宮崎あおいによってこそ映画化可能かと思わせた大谷健太郎監督の演出手腕。

そしてCG手法絶品だったのが西岸良平の「ALWAYS 三丁目の夕日」だった。山崎貴監督で作られた町全体が生きていてそこに住む吉岡秀隆たちが生き生きしていた。日本アカデミー賞最優秀作品賞など受賞。

06年は羽海野チカのデビュー作の映画化「ハチミツとクローバー」。高田雅博監督は蒼井優、櫻井翔たち美学生をよく動かしていた。一色まことの「花田少年史 幽霊と秘密のトンネル」は水田伸生監督が須賀健太で少年世界のひろがりを見せてくれた。大場つぐみ・小畑健の「デスノート」。金子修介監督は手帳に名前を書かれたものは死ぬという怖さを藤原竜也ににじみ出させていた。

07年の傑作は手塚治虫の「どろろ」で妖怪退治のすさまじさと身体復活の喜びと悲しみ。塩田明彦監督は百鬼丸を妻夫木聡とどろろを柴崎コウで思い切った世界に見るものを飛躍させた。

これに対して水木しげるの「ゲゲゲの鬼太郎」も本木克英監督で出た。ウエンツ瑛士の美形キャラが鬼太郎のイメージを変えファンを増やした。酒見賢一と森秀樹の「墨攻」は中国・日本・香港・韓国で合作。ジェイコブ・チャン監督にアンディ・ラウ、アン・ソンギ、ファン・ピンピン。一人で大軍と戦う城の攻防、生と死の悲痛感。

こうの史代は中沢啓治の「はだしのゲン」を読んだ世代でその「夕凪の街 桜の国」を佐々部清監督が映画化。麻生久美子の生きたいという願い、田中麗奈の受け継ぐという思いを結びつけて二つの世代に及ぶ原爆の傷痕を刻んだ。くらもちふさこの「天然コケッコー」は田舎町の高校生の日常と感性をとらえていた。山下敦弘監督、夏帆主演だ。

08年、浦沢直樹の大作「20世紀少年」は堤幸雄監督の3部作となった。唐沢寿明たちで子どもから大人にわたって生と死を追及、宗教やロボットなど多彩な設定で21世紀を見ようとした。大島弓子の「グーグーだって猫である」は小泉今日子、犬童一心監督で猫との日々の描写。09年には矢口高雄の「釣りキチ三平」が滝田洋二郎監督、須賀健太で魚釣りの喜びと自然保護の大切さを伝えた。手塚治虫の「MW《ムウ》」は岩本仁志監督、玉木宏、山田隆之で、ある島で生き残った2人の少年の成長と愛憎。米軍秘密兵器への告発とすさまじい。白土三平「カムイ外伝」は崔洋一監督、松山ケンイチで忍者世界のきびしさがよみがえらせて壮絶。森本梢子の「ごくせん THE MOVIE」は佐藤東弥監督、仲間由紀恵による女性教師の正義感と教え子との信頼感だ。二ノ宮知子「のだめカンタービレ 最終楽章」は海外留学した音楽青年を上野樹里・玉木宏。武内英樹監督は音楽と恋の綱引きでクラッシック音楽を身近にした。

10年、男女逆転と意表をつくよしながふみの「大奥」が柴崎コウ、二宮和也、金子文紀監督で映画化。二作目は堺雅人と菅野美穂となる。11年、高森朝雄、ちばてつやの「あしたのジョー」、曽利文彦監督。山下智久と伊勢谷友介のジョーと力石がぶつかりあっていく。

細川貂々「ツレがうつになりまして。」を宮崎あおいと堺雅人が佐々部清監督で夫婦のいたわりあいにじんとさせた。石塚真一の「岳―ガク―」を小栗旬、片山修監督で山で絶対死ぬなと救助活動青年が訴えた。村上たかし「星守る犬」は、瀧本智行監督で西田敏行と犬との自動車による旅が哀しい。藤子不二雄Ⓐの「映画 怪物くん」に大野智が挑んで、中村義洋監督は見るものを怪物世界に引きこんだ。

12年で評判となったのはヤマザキマリの「テルマエ・ロマエ」。武内英樹監督は阿部寛、上戸彩をまじめに組みあわせて風呂で古代ローマと現代とを結びつけることに成功した。小山宙哉の「宇宙兄弟」は小栗旬、岡田将生で森義隆監督が宇宙飛行士をめざす兄弟のつながりを描いた。

和月伸宏の「るろうに剣心」は、佐藤健を変えるような勢いの大友啓史監督の演出が自由、大胆な剣戟映画に仕立た。14年の「京都大火編」「伝説の最期編」と続けた。赤塚不二夫の「映画ひみつのアッコちゃん」は川村泰祐監督が編集者を綾瀬はるかの女性に変えることで赤塚ギャグの脱線ぶりを押さえる感じとなった。

13年の益田ミリ「すーちゃんまいちゃんさわ子さん」は3人の女性の生きざまをきれいに撮ったのは御法川修監督だった。

14年、荒川弘の「銀の匙 Silver Spoon」は吉田恵輔監督、中島健人で農業高校に入った少年が少しづつ自分の世界を見つけていくのが愉快だった。紡木たくの「ホットロード」は能年玲奈、三木孝浩監督で孤独な少女と少年とのつながりにしんみり見させてくれた。モンキー・パンチ、北川龍平監督の「ルパン三世」は、小栗旬がその体型に似せてのびのびと演じてアニメからの独立精神を見せていた。五十嵐大介「リトル・フォレスト」。橋本愛、森淳一監督で、大地、自然に根づいて生きる感謝を少女のしなやかさでとらえた静かな映画になった。「〜冬／春」編へと続いた。

15年は、CG技法が炸裂した感があった。

松井優征の「暗殺教室」は羽住英一郎監督ののっぺらぼうみたいな教師と生徒の乱戦。岩明均の「寄生獣完結編」は山崎貴監督で染谷将太と寄生したものとの共存する友情。諫山創の「進撃の巨人 ATTACK ON TITAN」。樋口真嗣監督、三浦春馬で人間を食らいにくる巨人との戦い。いずれも映像化しにくい異常物体でこれを俳優と〝共演〟させていくエネルギーに映画は漫画という原作にぶつかってここまで来たかと感嘆する。

日本アカデミー賞最優秀作品賞を受賞した「海街diary」は吉田秋生の漫画で、綾瀬はるかたち4人姉妹が心を通いあわせていく一年を是枝裕和監督はねばりの演出でじっくり描いた。さそうあきらの「マエストロ！」は松坂桃李、小林聖太郎監督でオーケストラメンバーの人間模様。マエストロの人間像が音楽のように響いた。安倍夜郎の「深夜食堂」は、小林薫、松岡錠司監督で、食べる人たちのわけありの事情を料理とともにとらえつつ、その表情を、外にまで解放して見つめたところが共感を呼んだ。次の年に続編も出た。

大場つぐみ・小畑健の「バクマン。」は少年漫画誌の内幕を大根仁監督が佐藤健、神木隆之介で徹底的にとらえていて面白かった。

16年、石井あゆみの「信長協奏曲」がテレビドラマから映画化にすべりこんでこの年度の6位、興収46億円と大ヒットした。松山博昭監督、小栗旬。末次由紀の「ちはやふる」は小泉徳宏監督、広瀬すずで上の句、下の句と続いてスポーツみたいな競技かるたに恋愛バトルがまざる。

17年は、羽海野チカの「3月のライオン」が大友啓之監督、神木隆之介で前・後編となった。将棋の勝敗と人間成長と感情進化が漫画と映画の人物形象化、ドラマ展開、感情描写と一体となって人間ドラマの到達点を見せた。漫画と映画との結合が魅力的な完成品となって感動させた。

まとめとして

こうやってほぼ70年間の漫画の劇映画化作品を年代順に振り返ってみると幾つかのことがわかる。日本の映画界は漫画の劇映画化で賑わってきて、それは続いている。

アメリカ映画は「スーパーマン」「スパイダーマン」などと超人ヒーローコミッ

クの大型映画化が繰り返されてきたが、日本映画で漫画の実写劇映画は「鉄腕アトム」、「サイボーグ009」といったSFヒーローに頼っていない。

漫画の映画化は広がり続いてきた。はじまりは、四コマ漫画、ユーモア漫画を人気歌手や喜劇人の出演で撮る喜劇映画だった。ストーリー漫画が子ども向けから青年ものへと読者層が広がっていく60年代になってスポーツ、学園、SF、少女もの、ギャグ、怪奇、時代劇、刑事など、冒険、アクション、活劇に人情ものと各分野にわたる漫画が映画になった。

だが、一つだけ映画化されていない分野がある。60年代から70年代にかけて数多くの作品が生まれ、最近も秀作が目立つ戦争を描く漫画である。原爆漫画は「はだしのゲン」、「夕凪の街 桜の国」と映画化され、学童疎開は「少年時代」がある。だが有名なちばてつやの「紫電改のタカ」をはじめとして、松本零士の戦場漫画などはない。水木しげるの「ゲゲゲの鬼太郎」は映画化になったがその土台として描かれたおびただしい戦記漫画は映画化されていない。

戦争の日常生活は、最近ではこうの史代の「この世界の片隅に」に描かれた。これがアニメ化されて各映画賞を受賞した。もとよりアニメ化もいいが、もし実写の劇映画となって若手の人気女優が出演していたとしたらまた違った感動の輪を広げたのではないかと思われる。戦争を描くこと自体がつらい、暗い、きびしいといったことで戦争漫画の映画化は敬遠されてきたのか。戦争映画そのものは繰り返し製作されてきたが、戦争漫画にはそれに劣らないほど映画化してほしい作品がいっぱいあるのだ。

漫画の映画化は、その漫画そのものに多くの読者があり人気や話題となっていることが条件のようだ。売り上げ部数が多くあればその10分の1でも映画化作品を見てくれるだろうという予想数字を出すことができる。基本的数字がはじき出されれば映画化はなり立つ。

一方漫画の読者は、自分の好きな漫画が、映画になって動くことは嬉しい。どんな俳優が好きな主人公を演じてくれるのかと期待し、映画化を待つ。漫画はその描かれたカットは映画の絵コンテみたいにも見える。ストーリーは変幻自在、人物は自由奔放に動き、ドラマは奇想天外、見たこともない空想世界を創出しドラマ展開する漫画は、映画にとって魅力的ある。企画するものは人気漫画とか、キャラクターがイメージ化されているものを映画化として企画、提案しやすい。

漫画の映画化は漫画家の手から離れて、映画会社、出版社、テレビ局、企業、広告代理店などの製作関係者が加わってプランは巨大化する。現場では脚本、監督、俳優、音楽などが参加して斬新な視覚文化の創造プロジェクトチームとなり一大イベントとなる。

この時、漫画はペンで描かれた紙の世界から人間が演じる生身の世界に変容する。演技、音声、音楽、カメラによって撮影されて画像として動き、感情を高める。漫画は変身する。お客を集め入場料をとって利潤をあげる。漫画の劇場映画化は、大収益をもたらす可能性をもち、その実現のために努力集中される。

手塚治虫が果たした役割は大きい。漫画に映画の手法をとり入れ、画面の変化や専属のキャラクターを配してドラマを作り画像化した。描かれ印刷された動かない漫画を動くように見せた。これが新しいストーリー漫画として広がり人気となり、戦後のストーリー漫画を発展させた。手塚治虫のこれまで見たこともない映画的な漫画が、そのあとに続く人たちをとりこにし、受け継がれて映画のような漫画文化が確立されていった。74年に漫画誌5億8500万冊、漫画単行本5000万冊といった空前の漫画ブームとなった。漫画繁栄時代に突入という時代を前進させた映画のようなストーリー漫画が、つぎに映画化という時代を呼んだ。

手塚治虫が映画から吸収したストーリー漫画が、漫画から劇画へと流行、発展していくときに、映画界がそのヒット作品に目をつけた。これが漫画の劇映画化である。手塚治虫が映画を吸収して大きくなった漫画が、今度は映画化されるということになったわけで、映画から漫画へ、漫画から映画への環流とも呼ぶべきことだろう。そして今日も、漫画の劇映画撮影は続けられている。

SOMEI SATOH

音楽と映画

聞き手 北條誠人（ユーロスペース）
取材＝岸本麻衣　撮影＝助川祐樹

佐藤聰明さんは、ドキュメンタリー映画の音楽を担当されたことはあるが、劇映画は今回が初めてという。小栗康平監督が劇映画で藤田嗣治の映画をやると聞いた時、驚きと、戦後70年に合わせての公開ということで、フジタの戦争、もしくは美術の戦争責任を洗い出してくるような映画になるのだろうと思った。小栗監督の映画音楽は様々な方がやられていて、今回はどなたとやるのだろうと気になっていた。佐藤さんが劇映画を書かれるという驚きがインタビューに繋がった。

Interview 佐藤聰明

いま芸術はどこにあるか？

～小栗康平監督『FOUJITA』の音楽を書いて～

映画『FOUJITA』の音楽と小栗康平という人

北條　いまなぜ小栗さんから聰明さんにオファーが行ったのだろうと関心がありまして、まずそのお話を伺えればと思います。

佐藤　僕も分からないです。ある日、突然メールだったか電話だったか、小栗さんから「とにかく音楽をお願いしたいので、お会いしたい」と言われたのが最初です。小栗さんの映画は、『泥の河』（1981年製作）や『死の棘』（1990年製作）を観て、非常に感心していましたので、今回の映画の説明を受けて仕事をお引き受けしました。

北條　すでに脚本はあったんですか？かなり映像を想像しにくい脚本だったかと思いますが、お読みになってどのような印象を持たれましたか？

佐藤　お会いした時にいただいたと思います。1920年代のパリと1940年代の終戦間近の日本の田舎の話で、ほとんどセリフしか書いていない脚本で、読んだだけではあまりイメージに結びつかなかった。ラッシュフィルムを観て初めて、こういう映画なのかと思った。

北條　音楽はラッシュフィルムを見てから作曲されたということですか。

佐藤　そうです。いわゆるラッシュフィルムの決定稿ができるまで、2~3回は編集し直したのではないでしょうか。それから、だいたいどの映画も同じですが、監督が音楽を入れる場所と尺を決めました。僕は、大学を出てからしばらく、映画音楽作曲家のアシスタントをやっていたんです。25~26歳の頃だったと思うので、1972年頃かな。NHKのドラマを多くお手伝いさせてもらって、その時に必ず監督が「ここの音楽はこんな感じで」と言うんです。でも、小栗さんは一切そういうことを言わなかった。小栗さんは僕の作った音楽を全部聞いていて、「ここの音楽はあの曲のあんな感じがいいな」と一か所だけ言ったきりで、あとは全部おまかせでした。それも、僕の音楽のなんて曲の何分から何分何秒までの感じがいいと(笑)。

北條　小栗さんは、なぜ佐藤さんをお選びになったか仰られていましたか？

佐藤　小栗さんに聞いて下さい(笑)。ドキュメンタリーでも、ドラマでも、ラッシュフィルムを見ると音楽がすぐ耳に湧き上がってくるんです。このシーンにはこの音楽、このシーンにはこんな音楽がいいだろうって。ところが、小栗さんの映画にはそれがない。つまり、あの映画は根本的に音楽を拒否していると思いました。要らないと拒んでいる。だから、ものすごく苦労しましたよ。どのような曲を書けばいいか悩みました。

北條　数えてみると、10曲ほど入れてらっしゃいますが、それは全部小栗監督の指示で？

佐藤　そうです。あれでも、少し短くなっていますね。例えば、シーン3だとしたら音楽の尺は3分あるけど、ここは1分半でいいだろうと、小栗さんが編集なさっているところはありますね。最初に、監督からこのシーンの尺は何分でと指示がありますから、僕は尺に合わせて曲を書くわけですが、最後の編集でカットされたところもあるみたいですね。

北條　実際に、『FOUJITA』（2015年公開）という劇映画を初めてご担当されてみて、手応えやこれまでと変わったことはありますか？あるいは、映画の見方や作曲の方法が変わるなどはありますか？

佐藤　それはまったくないです。ただ、日本人の映画作家にしろ、海外の映画作家にしろ、小栗さんほど映画に音楽をつけるのが難しい人は他に無いと思う。フジタが野原を散歩しているシーンで、彼は目の前にそびえる巨木を見て立ち止まるんですよ。そうすると、巨木が画面にアップになるわけ。巨木の前にはお地蔵さんが何体か置いてある。それで、ここに20～30秒くらいの音楽を書いてくれと言われて、巨木を見た時の精神的な晴れやかさ、あるいは神秘性をイメージして、曲を書いたら、小栗さんは「僕はフジタがこの巨木を見て何を感じたか分からん」と言うんです。それで、「この音楽は説明的すぎる。観客に対してある種のイメージを与えすぎる」ということで、その音楽はカットされましたね。

北條　それほどこだわりをお持ちなんですね。

佐藤　だけど、僕はフジタはこの巨木を見て何かは感じただろうと、それを作曲家として推測します。それがなければ、あらゆるシーンに音楽は書けない。だけど、あの映画は非常に心理的なもので、非常に複雑で深いところがあるからその一端だけを取り出すことを、小栗さんは気に入らなかったんじゃないかなと思う。要するに僕は、小栗さんという映画作家は何を表現すべきかという確固たる信念があるから、夾雑物《きょうざつぶつ》というかな、余計なものが入ってくることを一切拒む。それだけ純粋なのだと僕は思う。あの映画が商業的に成功したのかどうか、僕は知らないけれども、あのような指向性を持った映画作家は日本でも海外でも珍しいのではないかと思う。小栗さんに共通した作家がいるとしたら、タルコフスキーかもしれない。両者とも難解ですよね。

なぜ音楽が必要なのか？

北條　小栗さんの映画が、音楽を拒んでいる、必要としていないと仰ってましたけども、反対に音楽を欲している映画とはどういう作品ですか？

佐藤　最近の日本のテレビドラマでも映画でもそうですが、音楽がベターっとくっついているものが多いですよね。セリフが聞こえなくなるくらい大きな音で録音されている。僕の母なんて好きなドラマを観ていても、音楽が鳴るとセリフが聞こえないって文句言ってるよね。エジソンの最初の映画が劇場で公開された時に、楽団が付いていて音楽を画面に合わせて演奏していたそうです。映画における音楽の役割というのは、情景描写、心理描写、雰囲気を盛り上げるなどあって、音楽をいっぱい使っている映画というのは、音楽に頼り切っているということ。音楽による説明に頼っている。演出に自信がないからでしょう。映画音楽作曲家のアシスタントをしていた時、セリフだけのラッシュフィルムを観ると、すごく頼りなく感じる。弱いのだよね。それで、音楽が入ると生き生きと画面が息づき始めるわけです。

北條　１９７０年代のアシスタント時代のころですね。劇映画ですか？

佐藤　そうです。自分が書いた曲をオーケストラで演奏してもらうなんて機会はまずないので、映画音楽は実に勉強になりました。劇映画もありました。あとは、ＮＨＫのドキュメンタリー番組。『スター・ウォーズ』シリーズでもそうだけど、3時間くらいの映画で2時間40分くらいは音楽が入っているわけ。なんでそれだけ必要なのか。僕は、『ベン・ハー』（１９５９年製作）が大好きで、音楽を担当したミクロス・ローザは憧れの映画音楽家だったんだけれども、『ベン・ハー』だって4時間くらいの映画で3時間40分ほどは音楽が付いている。音楽が付いていないシーンはたった一か所だけで、あの最も有名な戦車競走のシーンだけついていないの。だけど、そうやって観客にできるだけ情緒的に訴えかけていこうと映画作家たちは考えるからです。音楽で演技の拙さをカバーしたり、結局そういうことなんですよ。小栗さんの映画は、音楽を拒否しているんではなくて、画面だけでもう完成しているの。僕は正直言って、効果音も必要ないのではないかと思った。セリフだけの画面で、もうこれで十分なんじゃないかなと思った。じゃあ俺は一体何ができるんだろうと思いますよね。自分の知っているあらゆる映画の中で音楽を欲していない映画はほとんどないですよ。例えば、ダンスもそう。何年か前にニューヨークのコンテンポラリー・ダンスの振付師に招かれて、シンポジウムに行ったんですが、いろいろお話していて、「ところで、あなたがたのダンスにはなぜ音楽が必要なのか」と聞いたら、全員シーンとしてしまって。ひとりの女性のコレオグラファーが「そんなこと考えたことなかった」と言った。つまり、ダンスには音楽がくっついているのが常識なわけで、でもなぜ自分のダンスに音楽が必要なのかを考えないこと自体が、僕は不思議だと思うなあ。だけど、映画というのはやはり商業ですから、ともかくそんなことは考えないわけ。できるだけ効果的に観客に訴えかけられればいいわけだから。なにも難しいことを考えさせる必要もないし、ジェットコースターに乗ったみたいにワッと感じれば、それで成功なわけだからね。

技術があるだけでは、芸術たり得ない！

北條　また『FOUJITA』の話に戻りますが、楽器の編成が絞られていますよね。弦楽オーケストラと、ハープ。

佐藤　あとは、打楽器と木管楽器が2本くらい。

北條　それも、楽器の音色を求めていないという感じがしましたが…。

佐藤　これも小栗さんの要求です。小栗さんは弦楽オーケストラだけと思っていたらしいんですが、僕はもう少し色を加えたかったので、ハープや打楽器も加えたわけです。その方がよかったと僕は思いますけどね。

北條　あの音色が、前半の1920年代のパリはともかくとして、後半から全く色を失って敗戦間際の日本の風景と、田舎の風景とに合ってくる印象をうけました。もう一方で、1920年代のパリにあの音色が鳴ることによって、後半に向かって何かが起こってくるんだろうという予感も感じられました。とりわけ、パリのくだりの最後、ベッドでユキと仲睦まじげに会話をしていながら、その次の瞬間にはまったく違うシーンに来るというところの音楽が、演出を果たしている感じがしました。

佐藤　2時間少しの映画ですけれども、音楽は20分ほどしかないんです。たとえば、一つのシーンで2分くらい音楽が鳴って、15分くらい何も音がなくて、またポロンと音楽が鳴るということになると、唐突に音楽が出てくるということを僕は恐れました。だから、10〜15分前に音楽が鳴る。それでその音楽を忘れてしまって、15分後に違う音楽が鳴っても、なにかしら耳の奥の中で前の音楽が残っていて、それが自然に形を変えて出てくるようにできないかと考えました。だから、極端に表情を変えて出てくるような音楽ではなくて、前の音楽の表情を受け継ぎながら、また少し雰囲気を変えるようには意識しま

した。あとは、前のシーンで高音で終わったとしたら、その10～15分にはまた高音から入ってだんだん音が落ち着いていくように、耳の記憶が残ればいいなと思って書きましたけれどもね。それが成功したかどうかは分からない。

北條　ちなみにオープニングの音楽があって、次の音楽が出るまで計ってみたら23分あったんです。この調子だと、4曲か5曲で終わるなと思いました。あと、セーヌ川が逆流するシーンがありますよね。あそこはなぜ音楽を入れないんだろうと思いまして。普通だったら、あそこは音楽家の腕の見せ所というか、勝負どころのような気がしたんですがね。

佐藤　だから、小栗さんの音楽の使い方は、普通の映画作家の感覚とは違うんです。僕も別のシーンで、ここには音楽が必要なのではないかと言いましたけど、一言のもとに拒否されました。小栗さんは、そういう風なことを重ねていくと、いわゆる普通の映画、一つのシーンがあって音楽があって、また次のシーンの音楽があって、という繋がりができることを恐れたんじゃないかと思いますけどね。

北條　言葉は悪いかもしれませんが、手練れの作曲家っていらっしゃいますよね。すさまじくキャリアを積んでらっしゃる方は、小栗さんとはできないんじゃないかと思ってしまいますね。

佐藤　できないでしょうね。

北條　小栗さん自身も（手練れの作曲家とは）組めないという前提で、選んでらっしゃるとは思いますけど。

佐藤　音楽も美術もそうだと思うけど、技術があるだけでは芸術たり得ないんですよ。音楽大学でも一生懸命音楽の技術を学んできて、例えばピアノで、もはやこの世に弾けない曲はないくらいの技術力を持っているとしても、それが素晴らしい演奏かということとは全く違う。技術によって芸術は成り立たない。ところが、日本人は技術によって芸術は成り立つと考えている。だけど、映画音楽は別に芸術ではないから、技術力だけで解決できる問題なのよ。ストラビンスキーはしょっちゅう映画音楽を頼まれるから、前もっていろんなシーンを想像して音楽を書いておいて、仕事を頼まれた時に、このシーンにはこれ、あのシーンにはそれ、とストックがあったらしいですよ。結局それで解決できるような問題なわけ。恋愛のシーンなら、戦争の音楽かけるわけないよね。やっぱり甘い音楽になる。望郷の念に駆られるシーンでは、甘くてやるせない音楽。戦争のシーンなら激しい勇壮な音楽。それを踏み外すことは、昔の映画でも今の映画でもあり得ない。例えば、B29がやってくるシーンで東京音頭は流れない。東京音頭を使うことで、新しい意味合いは出てくるかもしれないけど。決まっているんです。それを離れることはまずない。不思議で仕方がないのは、少年たちが駆けていくシーンとかでリズミカルな音楽が流れることあるけど、あれは何で必要なのかなと思うけど、そんなことはいっぱいある。無駄に音楽を使いすぎている。

『ライジング・サン』と『ダンス・ウィズ・ウルブス』

北條　ユーロスペースで『FOUJITA』の公開で、トークショーをやっていただいた時に仰っていたことで、恐る恐るお聞きするんですが、『ダンス・ウィズ・ウルブズ』（1990年公開）と『ライジング・サン』（1993年公開）の音楽をやる予定だったという話を。このふたつはなぜ佐藤さんにオファーが行って、なぜ担当されなかったのですか？

佐藤　『ダンス・ウィズ・ウルブズ』の方は、かなり早い段階で終わってしまったんですね。僕のCDを出しているアメリカのレコード会社がニュー・アルビオンなんですが、僕に音楽を頼めないかと電話がかかってきたらしいんです。それで彼らはすごく喜んで、僕の方にもニュー・アルビオンから電話がかかってきたんですけど、そのうちに立ち消えちゃったんですよ。その後、ニュー・アルビオンとの間にやり取りがあったのか分からないけれども、その話はそこで終わっちゃったんですね。ちょっと期待してたんだけどね(笑)。またニュー・アルビオンから電話がかかってきて、フィリップ・カウフマンから『ライジング・サン』という映画を撮るので音楽をお願いしたいと言っているというから、また前の話と同じようなことになるんじゃないかと思っていたら、飛行機の切符が送られてきたんです。それで、初めてハリウッドへ行ってきました。そうしたら白いリムジンが待ち受けていて。それでカウフマンから、この映画には日本人が出てくるし、最初のシーンで太鼓の演奏もあると言われた。ところが、日本人役もみんな演じるのは中国人だし、この映画には本物の日本が何一つとしてないと言うの。だから音楽は日本人のあなたにお願いしたいと言うの。監督の息子が、ピーター・カウフマンというんだけど、彼がニュー・アルビオンから出ている僕のCDを全部聞いていて、それで父親に推薦したらしいんです。僕のファンだったんですね。それで、映画がだいたいいつ頃に撮り終わるから、脚本も送るから、とあの時代は手紙でやり取りしていて、契約書が送られてきてサインして送ればおしまいの段階になって、何も連絡も来なくなった。

北條　一年間くらいやり取りはあったんですか？

佐藤　覚えてない。そんなに長くないと思う。おかしいなあと思っていたら、プロデューサーからクレームが来たって言うんですよ。

北條　それはピーター・カウフマンですか?調べると総指揮者は役者のショーン・コネリーになっているんです。

佐藤　知らないなあ。とにかく、プロデューサーが映画音楽を一度も経験したことのない作曲家にこの映画を任せるわけにはいかないと言ったらしい。その時、僕だってプロデューサーだったらそういうかもしれないと思った。それで、ハリウッドコンポーザーを使う、申し訳ないというテレグラムを寄こしたの。ところが、ハリウッドコンポーザーではなく、武満徹に頼んだ。それを聞いた時はちょっと腹が立ったな。でも、そうだと思う。僕は一度も映画音楽をやったことがないし、どのくらいお金のかかった映画だったのか分からないけれども、そこにまったく映画音楽の経験のない作曲家と使うということは冒険だと連中は思ったんじゃないかな。一つだけ分かったのは、あの映画をやっていれば、それから後も日本でもアメリカでも少しは映画音楽の仕事があったかもしれないと思う。だけど、結局要求されるのは、いわゆるハリウッド的な音楽とか、商業的なマニュアルに合うような音楽しか要求されなかったと思うんだな。これは辛いよね。やるのは簡単だけど、やっぱり辛い。何かがやっぱり削り落とされる。それも、いいとは思う。生活費になるし、収入にはなるんだからいいとは思うけれど、僕は芸術家としてのプライドが許さなかったんじゃないかと思う。まだ若かったしね。

北條　ちなみに、出来上がった『ライジング・サン』はご覧になりましたか？

佐藤　観たことない。この間、テレビでもやってたけど、ついに観なかった。映画の話でいうと、オーストラリアのテレビ局が企画した大東亜戦争の2時間のドキュメンタリー映画を作って、その音楽を書いてくれと言われたんだけど、それも予算が急になくなったから僕のCDを使うということになって、全編CDの曲でやってましたよ。こういう話はずいぶんあります。

北條　『FOUJITA』を経験したから、これからハリウッドから仕事が来てもできますね。

佐藤　結局、僕の音楽を使えたのは、小栗さんだったからですよ。たぶん、ほとんどの日本の映画作家は僕の音楽を必要としていないと思う。それだけの映画がない。だから、僕は映画音楽作曲家としては、これからも活躍できる道はないと思う。だって、日本の映画から必要とされていないんですもの。映画において芸術性なんてことを考える必要はないけれど、僕らの年になって、じっくり向かい合うことのできる映画を観てみたいよね。例えば、あるがん患者の話があるとする。そうすると音楽があまりにも情緒的で、どんどん本質からずれていく。深刻な問題になればなるほど、本質から離れていってエモーショナルになってしまいますよ。もっと、しっかり理性的な目で見た映画を観たいと思うんだけどね。だけど、映画は商売であることを忘れてはなりません。それを踏み外すことはできないからね。それはまた観客の要求でもあるのです。

創作の面白いところ…

北條　佐藤さんがこれまでご覧になってきた映画で、この映画は良いなというものと、この映画音楽は良いなというものを教えていただけますか？

佐藤　僕がミクロス・ローザを高く評価するのは、ロマン派のチャイコフスキーやドビュッシー、ホルストの音楽の系譜を非常に巧妙にコピーしているから。例えば『エル・シド』（1962年公開）は本当にくだらない映画だけど、あのくだらなさを救っているのは、結局ミクロス・ローザの音楽だと思う。ニュージーランド・シンフォニー・オーケストラが『エル・シド』全編の音楽を1枚のCDにしているんだけど、ファンが多いから売れる。あの卓抜した技術力は、日本人にはまず真似できない。もちろん僕にもできない。非常にオリエンタルな濃厚な雰囲気で、みんな借りものだけど実にうまく熟していて昇華させている。一度でいいから、『ベン・ハー』みたいな映画音楽を書いてみたいと思うけれど、まず無理だろうと思う。ミクロス・ローザの職人的な上手さには感嘆する。悪口ばかり言っているようだけど、日本の映画音楽作曲家には職人的な上手さはない。ただ単に技術。

北條　職人と技術者は違うんですか？

佐藤　違う。職人というのは、磨きをかけられる人。つまりは、匠だね。『ベン・ハー』の音楽を聴くと、これはあの音楽にアイデアをもらったんではないかと分かる音楽があるけど、それを十分に乗り越えて、しかも個性的になっている。日本の映画音楽作曲家だと、もろに元の音楽が分かってしまうというのは、それを乗り越えていく努力をしていない。だけど、僕は音楽家としてのプライドがあるならその努力をするべきだと思う。『スター・ウォーズ』シリーズが日本で公開し始めた頃、当時の日本のSF映画を観に行ったんです。衝撃的だったのは、その映画のの音楽は、ドミートリィ・ショスタコーヴィチのコピーだったの。だから、演奏している方も笑ってしまったんじゃないかなと思った。しばらくしてから、何かの時に、その作曲家と監督が話しているのをテレビで聞いたけど、監督がショスタコーヴィチが好きだというので、そういう音楽を書きたいと思って、あの音楽を書いたと言うんだ。僕は今、オランダから頼まれたクラリネットコンチェルトを書いているんだけども、僕に限らず、誰のどんな曲だって、必ず誰かの影響を受けている。いろんな音楽の色んな影響を受け

ているけど、だけど、それを一人の作家の中で昇華されて自分のものになり、やっと個性というものが出来上がっていく。それが作家の創造力、創作力だと僕は思う。何もないところに、創作力は生まれない。様々な影響を受けた上で、出てくるものだと思う。だから、多くの日本の映画音楽作曲家に言いたいのは、たまにはその努力をするべきなのではないかなということ。少し聞いただけで、これは誰の曲の何という曲だと思わせてしまうのは、やっぱり職人ではないと思う。

北條　模倣と、引用と、己が磨き上げて昇華するものは、どのような違いがありますか？

佐藤　このメロディーが誰かの曲のメロディーに似ているということではなくて、表現されてきた世界がある。その表現された世界がある作家の世界に非常に近しいことを感じることは、時たまあります。引用というのは、例えばモーツァルトのクラリネットコンチェルトのメロディーを引用し加工して、なにか違う世界と抱き合わせる、というようなことは一時のヨーロッパでは非常に流行った手法です。コラージュも流行りました。僕が今までの生涯で聞いた音楽、楽譜を見た音楽は頭の中に蓄積されていて、昇華されている。ただ、昇華されただけではだめで、そのもう一つ先が創作だと思う。

北條　昇華されたものを、創作の段階に上げるためには、どういう精進をすればいいのでしょうか？

佐藤　それは分からない。ニューヨーク・タイムズに、僕の曲の批評が乗って、この曲は誰々に似ていると言われた。何を言っているんだと思ったんだけど、その先を読んだら、手法的には似通っているところがあるけれども、そこから先は完全に佐藤の世界だと書いてあった。だけども手法が似ているなんてことは当たり前。そんなに手法なんてものはたくさんない。1オクターブの中に音が12しかなくて、それをどう組み合わせるかはだいたい決まっているから、選択の余地は限られている。では、それを一体どうしていけばいいのかを考えるのが創作の面白いところです。

［2017年2月1日　渋谷ユーロスペースにて］

佐藤聰明

（さとう・そうめい）作曲家

1947年、宮城県仙台市生まれ。作曲を独学。1999年ニューヨーク・フィルハーモニーによる世界を代表する五人の作曲家として作曲を委嘱されたミレニアムコンサートが開催されるなど、世界的に活躍する作曲家。ことにアメリカでは15回にわたって作品演奏会が催されている。ダーティングトン国際音楽祭（2009、イギリス）、チェルシー音楽祭（2012、ニューヨーク）のテーマ作曲家。CD作品集多数。著作に「耳を啓(ひら)く」（春秋社）がある。

君は ATG映画を知っているか?

非商業的芸術映画の上映としてのアート・シアター・ギルド(ATG)の運動の成果は日本の映画創造と興行界に計り知れない効果をもたらして、ほぼ30年の幕を閉じた。1950年代後半から動き出したヌーヴェル・ヴァーグと機を一にしてスタートし、数々の世界の傑作や映画作家が紹介され、同時に日本映画が目覚ましい活躍を遂げた。ATGは当時の映画体勢への反骨でもあり開拓者でもあったといえる。ミニシアター興行という映画鑑賞の理想的なスタイルも生み出し、現在の映画館の風景の礎にもなった。地球上のあらゆる国の思想と文化を映画を通して語りあってきた。ATGがもたらしたものは一体何だったのだろうか?

ATGシンボルマークデザイン=伊丹十三

アートシアター
120
143
art theatre
Nr.1
忍者武芸帳
86
書を捨てよ町へ出よう
142
第七の封印
24
118
50
Pierrot le FOU
17

対談

佐藤忠男×篠田正浩

ATG映画とは何だったのか、その歴史を振り返る

司会＝小笠原正勝＋植草信和

「セレクションATGスペシャル」ポスター(1980小笠原正勝)

ATGはこうして始まった

――ATGが発足したのは1961年ですから、既に56年の歳月が流れています。関係者の多くが物故し、ATGの存在すら知らない人が多くなっているのが現状です。そこで本誌ではその歴史を俯瞰して、ATGは日本映画史のなかでどのような役割を果たしたのか、そしてATG作品はどのような形で作られたのかを検証し、今に伝えたいと考えて特集を組むことにしました。最初に佐藤先生に発足当時の背景を解説していただきたいのですが。

佐藤　ATGの発足とは直接的な関係はないのですが、1957年に若手の映画人によって「シネマ57」というグループが作られました。勅使河原宏、羽仁進、川頭義郎、松山善三、荻昌弘、草壁久四郎といった面々がメンバーで、彼らは『東京1958』という実験映画を作ったのです。そのグループと川喜多かしこさんが推し進めていた「日本アート・シアター運動の会」が結びついてできたのがATGです。

篠田　僕も「シネマ57」には少しだけ縁がありました。というのも勅使河原宏さんが映画作りを学びたいというので松竹大船の木下恵介さんの門を叩いたのです。その木下組の助監督が川頭さんと松山さんだったんです。僕は、川頭さんが監督され、勅使河原さんが出演した『有楽町0番地』の撮影を手伝った記憶があります。

佐藤　「シネマ57」が製作した『東京1958』は古いものと新しいものが混在する現代の日本を風刺した寓話性の強い実験映画で、ブリュッセルの「実験映画祭」に出品されたのではないかと思います。しかしそれを上映する場所がなかった。それとほぼ同じ時期に、川喜多かしこさんはサタジット・レイ監督の作品を上映する場を作ろうとして「アート・シアター運動」を始めたわけです。

篠田　その運動が始まったころ僕は松竹大船の助監督になって6年目ぐらいの時でしたが、撮影所には小津安二郎、木下恵介、渋谷実、川島雄三がいて、毎日のように撮影現場からのトピックがゴシップになって撮影所を駆け巡っていた。そんな世界にいたから、アート・シアターと呼ばれている映画は大船で作っている映画は違うなと思っていた。

佐藤　アレクサンドル・アストリュックの「カメラ=万年筆」論というのは1940年代後半に書かれたものなんだけど、それに共鳴したアンドレ・バザンの影響下から生まれたゴダールの『勝手にしやがれ』やトリュフォーの『大人は判ってくれない』が、「ヌーヴェル・ヴァーグ」という言葉とともに日本にも伝わってきた。そんな背景があって、川喜多かしこさんが東宝の森岩雄さんに相談に行ったんですね。森さんというのは映画のビジネスマンだけど海外の動向に通じていた人で、かしこさんの「アート・シアター運動」の提案を松竹の城戸四郎、大映の永田雅一にも話を通して日本映画界全体の問題として捉えたんですね。

――ATGが発足したのは1961年ですが、そこに至るまでの動きはどんなものだったのでしょうか。

佐藤　東和の川喜多長政氏はかしこさんの夫ですから当然運動の推進者ですが、森さんは邦画界の重鎮だった城戸、永田の賛同を取り付けてからかつての部下で当時、三和興行の社長だった井関種雄氏に話を持って行ったんです。これは伝説ですが、森さんは、「君は功なり名を遂げて、財満ちてあと残っているのは勲章だけだろう。これをやれば勲章をもらえるよ」、と言って井関さんを口説いたという（笑）。それだからというわけではないんだろうけれど、井関さんは森さんの話しを引き受けて、資本金一千万円、加盟館十館でＡＴＧ映画をスタートさせた。

変革期を迎えた日本映画のなかで

――それが1960年から61年にかけての動きですが、篠田さんはその状況をどのようにごらんになっていたのですか。

篠田　『大人は判ってくれない』や『勝手にしやがれ』が日本に入ってきた1960年、会社からの僕へのオプションは「今までのルーティンの監督ではお客が呼べなくなってきているから、新しい映画を作れ」ということで、具体的なリクエストはなかったです。それで僕は寺山修司と脚本を作りますと言ったら、会社のお偉いさんは寺山のことを知らなかった。

――寺山さんが初めてシナリオを共作したのは篠田さんの二作目『乾いた湖』ですね。その頃既に寺山さんの歌集『空には本』が出ていましたね。

篠田　プロデューサーにそれを見せて、寺山の和歌も教えて説得したんです。こういうことが出来たというのも、松竹に伝統があったからなんですね。というのも蒲田時代の小津安二郎の『大学は出たけれど』や敗戦後に大船で作った『長屋紳士録』など社会風刺のきつい一連の作品は、ヌーヴェル・ヴァーグそのものだった。当時はそういう歴史認識は持てなかったけど、その伝統があったから僕や大島が新しい映画を作ることができたのだと今は判ります。

――そしてＡＴＧの第一回の配給作品がイエジー・カワレロウィッチ監督のポーランド映画『尼僧ヨアンナ』でした。選定方法はどのようになっていたのでしょうか。

佐藤　井関さんが、飯島正、植草甚一、南部圭之助など著名な映画評論家10人に、「アート・シアター運動の会」の川喜多かしこ、羽仁進、荻昌弘などを加えて「作品選定委員会」を作って、彼らの討議によって配給する作品を選ぶシステムを作ったんです。私がその委員会に加わるようになったのはもう少しあとなんですが、選定試写でずいぶんたくさんの映画を見ることができました。まだ海外の映画祭に出かける機会がほとんどなかった時代にも関わらず、海外の秀作をたくさん見ることが出来たのはこの委員会のメンバーになったおかげです。

――配給作品の中には新藤兼人監督の『人間』、家城巳代治監督の『みんなわが子』、勅使河原宏監督の『おとし穴』、三島由紀夫が監督した『憂国』などの日本映画がありますが、あとは例外なく外国映画でした。ところが1967年に今村昌平監督の『人間蒸発』が今村プロと日本映画新社とＡＴＧの提携作品として製作されています。

佐藤　そうですね。これは今村さんが企画をたてて日映新社の堀場伸世社長のもとに持ち込んだところから始まりました。堀場さんは旧知の井関さんに共同での製作を申し入れ、三社による共同製作ということになったのです。井関さんは今村さんにいくらくらいで作れるのかを尋ねたところ「一千万円」という答えが返ってきたので、折半して五百万円づつ出し合って製作することを決めて委員会に諮りました。従来の「作品選定委員会」がそれによって「企画委員会」になって、作家から持ち込まれる企画を審査することになったわけです。

――当時、ATGの宣伝を担当していた多賀祥介さんが「ATG編集後記・回想の映画人たち」という本の中で次のように書いています。

「『人間蒸発』の企画が持ち込まれたとき、ATGが製作にお金を出すのは初めてのことだったから井関社長は考えられたのであろう、やや間があってから、『どのくらいお金がかかるのかね?』と言われると、今村さんが、『一千万くらいですかね』と答えられたので、また、井関社長は少し考えられてから、『半分ずつ出し合って作ろうじゃないか?』と言われると、今村さんと堀場社長は、ほんの少しの間顔を見合わせたが、製作費折半で話はまとまったのであった。」

そして翌1968年に大島監督の創造社とATGの提携作品『絞死刑』が作られます。

動き始めたATG映画

佐藤　その「一千万円」で映画を作ろうという試みに最初に取り組んだのが大島渚だった。死刑場という場を一カ所に絞ってディスカッション・ドラマにすれば、セットも一つですみ、登場人物が限られるので製作費を切り詰めることが出来る、というアイデアを思いついたんですね。

篠田　大島が再起の発端としたATGとの連動は、助監督のときから映画評論のグループと付き合っていたことが遠因のひとつだと思うんです。映画評論のグループが、映画言語というか映画界言語として「松竹ヌーヴェル・ヴァーグ」という新しいキャッチフレーズを冠した。大島はいち早くそれに目をつけて映画をインサイドじゃなくてアウトサイドから発想したのです。そこには映画における社会性という問題が当然出てくるわけで、彼は大船映画のルーティンから離れるという動き方をした。そこにヌーヴェル・ヴァーグ運動がフランスから入ってきてシンクロしたものだから、我々はその影響を受けているかのように思われているんですけど、アート・シアター・ギルド運動と評論言語のキャッチフレーズとは全然違うものですね。

佐藤　大島がまだ助監督のとき「映画批評」という雑誌の集まりで彼と初めて会ったのですが、それを機に当時私が所属していた「映画評論」にちょくちょく原稿を書いてもらうようになった。大島は監督になってからもいろいろな曲面でものを言うようになっていたので、『絞死刑』には映画ジャーナリズムが一枚噛んでいるという篠田さんの指摘は正しいと思う。そのへんはヌーヴェル・ヴァーグが批評誌であるカイエ・デュ・シネマを母体に生まれたケースと、似ていなくもない。

――大島さんの「映画評論」1960年12月号に掲載された「『日本の夜と霧』虐殺に抗議する」という文章は過激でしたね。その他いろいろなメディアに登場して発言をしていました。

佐藤　松竹退社後の言動がいろいろ報じられて、一種時代の寵児のようになっていた。ATGとは直接的には関係ないけど、その大島が1965年にテレビのドキュメンタリーの仕事で韓国に

『心中天網島』（1969）粟津潔セットデザインの一場面

行って撮影した写真に、当時ベストセラーになっていた『ユンボギの日記』から抜粋した文章をナレーションにして24分の短編映画を作ったんです。それを新宿文化の地下にあった物置みたいな空間を映画の上映に使えないかと葛井欣士郎に持ち掛けて、蠍座という小さな劇場に作り変えて上映したら大ヒットした。それが成功したのは、メディアを上手に使ったからといえなくもないですね。

――その成功の延長上で作られたのが『忍者武芸帳』ですね。

佐藤　白土三平の漫画をコマ撮りして一篇の物語にするというアイデアによってできた映画が『忍者武芸帳』です。「動かないアニメーション」といったらいいのか、それも大ヒットした。そんなところから『人間蒸発』のケースも踏まえて、ATGのチェーンを使って映画を作れるのではないかという考え方が出てきた。ATGが五百万円、製作者・監督側が五百万円で「一千万円」ですね。つまり「製作者・監督」が対等で著作権も半々ですよ、ということですね。

篠田　製作費と利益は五分五分、7年経ったら配給権は作家側に渡す、一種のシネマ・コミューンですね。『絞死刑』の渡辺文雄、佐藤慶らの出演料は一律で十万円だったので、『心中天網島』の中村吉右衛門も岩下志麻も十万円だった。

『心中天網島』はこうしてはじまった

佐藤　『心中天網島』の場合はどんなところから始まったのですか。

篠田　松竹にこの『心中天網島』企画を出したら断られたんです。そんなとき偶然に新藤兼人さんに会ったら、「いつまでも松竹にいないで外に出なさいよ」と言われて、ATGでやる決心がついたんですね。葛井欣士郎さんに話したらその場で決断してくれました。

佐藤　そのとき私は企画の相談役のような立場だったんですが、すべて企画は葛井さんがひとりで取り纏めていましたね。『心中天網島』のときも既に葛井さんが決めていて、事後承諾だったような記憶があります。

――葛井さんは『遺言』というインタビュー集のなかで『心中天網島』について、「私としては時代劇じゃなかったら、寺山さん、武満さんのコンビにしてほしかったんです。『乾いた湖』のイメージがありましたから」と語っているのですが、時代劇を「一千万円」で作るという発想が凄いですね。メジャーの映画でも時代劇は現代劇に比して何倍もの製作費がかかるといわれているのに、それをATGでやろうという発想が大胆です。それと同時に、大島さんや篠田さんのATG参加によって、海外の秀作の配給・公開という当初の路線から大きく変わってきましたね。ATG内部の様子はどうだったのでしょうか。

佐藤　『絞死刑』『初恋：地獄篇』『肉弾』『心中天網島』の成功によってこの「一千万映画」路線でいける、ということになっていきました。だから初めのころの「作品選定委員会」は自然消滅して、飯島正さん、品田雄吉さん、草壁久四郎さん、私の四人が「企画委員会」のような形で残りました。実質的には事務局の葛井さんがすべてを仕切ったわけですが。

篠田　『心中天網島』の場合はATG側から葛井欣士郎、表現社側からは独立プロのプロデューサーで大島組の仕事をよくやっていた中島正幸がたちました。出演料一律十万円というのも彼のアイデアだったと思います。しかし当然、予算超過は出てくるわけですがATG側はそれに対して一切関わらず、作家側の負担になります。最終的に表現社側は三百万円の予算超過でしたが、僕は行けると思ったから、自分を走らせるための馬券としての三百万円だと思って買ったんですけどね（笑）。

――葛井さんは「製作費は間違いなくオーバーして持ち出していますよ。最初はセットでやるつもりだった道行を倉敷に行って錦帯橋で撮影していますから」と語っています。そして「これはもう大ヒットして、私もすごく嬉しかった。映画館の入り口に真っ黒な門を立てて近松の紋を染め抜いたんですよ」とも語っています。

篠田　オーバー分はこちらの負担というのは契約書に書かれていますからね。でも葛井さんが言っているように興行は成功して、十万円のギャラとは別に興収歩合で今現在も支払っているんですよ。

――それは凄いことですね。『心中天網島』はヒット作と同時に見事にその年のベスト・ワンに選ばれてあらゆる映画賞を独占しました。佐藤先生も「名作世話浄瑠璃のほぼ忠実な映画化」「武満の共同脚本家としての起用、粟津潔の意表をつく美術の採用」「黒子に積極的な意味をもたせた演出」などを挙げて高く評価されていました。あの大胆なセットはどんなところから発想されたのですか。

かつてなかった セット美術

篠田　ポーランドあたりのブラックシアターでは何も装置を置かない演劇があったんですよ。だったら日本にはお能があるんだから映画でもちょっとリアルなものを加えれば観客自身が想像でドラマを組み立てることができるのではないか、ということですね。美術を担当してもらった粟津潔はイラストレーターで舞台装置の空間を作るという体験はなかったんだけど、寺山の詩集「田園に死す」の装丁をやっていて天気図の等高線やジャクソン・ポロックのアクション・ペインティングを使ったりしても凄く良かった。それでシナリオを読んでもらったら、「篠田、日本間の空間は3尺6尺の矩形が襖で仕切られているだけだから、それだけの空間があればセットは作れるよ」と言ったんです。

――撮影はどこでやったんですか。

篠田　目黒の日映新社のスタジオです。そこに9尺9尺の式台があったのでその上に3尺6尺のセットを作って畳を置かずに写真をエンラージメントして浄瑠璃の勘亭流文字を書けばいいんじゃないかということになった。五百万のうちの百万円を美術費として粟津さんに預けて映画の90パー

『心中天網島』ポスター（1969粟津潔）

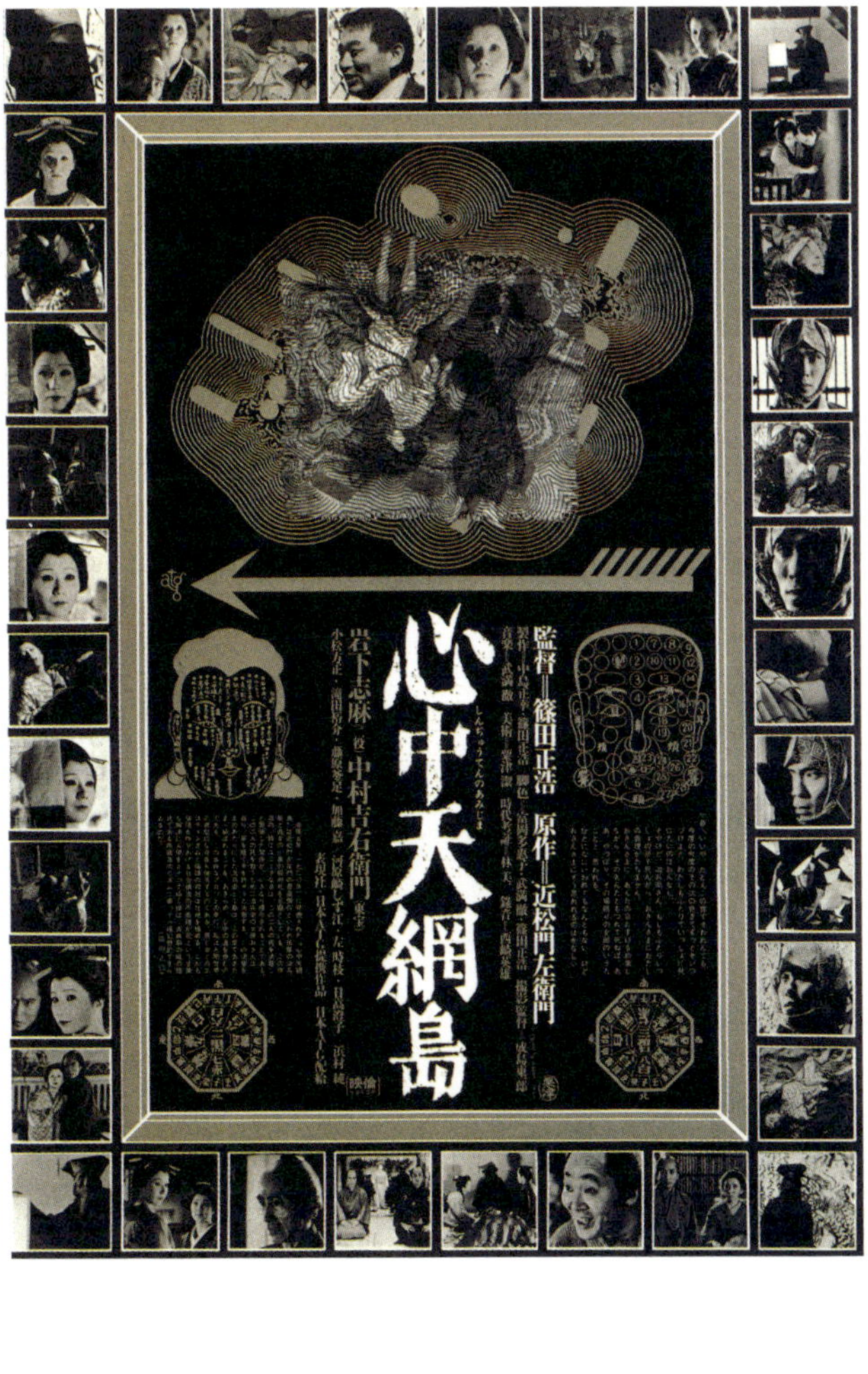

セントをここで撮る、と決めたわけです。彼はこの仕事で伊藤喜朔賞やワルシャワ国際ポスタービエンナーレ銀賞及び特別賞を貰っていますからよかったと思いますよ。

佐藤　粟津潔の起用も見事だけど、私は武満徹をシナリオに参加させたのが凄いと思いましたね。

篠田　武満に声をかけたのは、昭和33年、彼が手がけたラジオ・ドラマ『心中天網島』を耳にしたショックからですね。文学でもない、演劇でもない、音楽に近いというか、男女の言葉の交差が闇から聴こえる。今でいうラップ・ミュージックですね。浄瑠璃というのはあの時代のロックンロールか、と。（笑）

佐藤　そういえば既にデビュー二作目の『乾いた湖』からずっと音楽は武満徹でしたね。

篠田　そうです。僕は音楽が好きでよく聴きに行きますが、武満の『弦楽のためのレクイエム』も1957年に日比谷公会堂で聴いていました。

篠田正浩（しのだ・まさひろ）
映画監督

1931（昭和6）年、岐阜県生まれ。早稲田大学で競走部に所属、箱根駅伝にも出場した。卒業後、1953年に入社。大島渚監督、吉田喜重監督とともに松竹ヌーヴェル・ヴァーグの旗手と呼ばれた。退社後、独立プロダクションの表現社を設立。代表作に『乾いた花』『沈黙』『瀬戸内少年野球団』『鑓の権三』『少年時代』『写楽』『沈黙』『スパイ・ゾルゲ』などがある。著書に「河原者ノススメ 死穢（しえ）と修羅の記憶」「路上の義経」など。

寺山修司しかりですが、あの頃もう撮影所には一緒に仕事をする人はあまりいなかった、というのが実感でしたね。

――海外に目を転じると『心中天網島』は1969年のヴェネチア映画祭に『少年』と共に招待されていますね。二本のATG作品が同時にヴェネチアで上映されると話題になりました。

篠田　前年の1968年にゴダールやトリュフォーらヌーヴェル・ヴァーグの作家たちがカンヌ映画祭に乗り込み、フェスティバルを中止に追い込んだ、いわゆる「カンヌ国際映画祭粉砕事件」があって、グランプリがなくなってしまったんですね。僕はカンヌへ出品したかったんだけど、大島と共にヴェネチア映画祭に招待された。こちらもコンペティションは廃止されていて拍子抜けしたんだけれども、英国映画協会（ＢＦＩ）が発行している「サイト・アンド・サウンド」誌で「ふたりの日本人が素晴らしい作品を持ってきた」と紹介されました。

佐藤　日本人監督の二作品が同じ年に招待されるというのは非常に珍しいケースですね。

篠田　映画祭には川喜多長政・かしこご夫妻もお見えになって、アメリカ、ヨーロッパに駐在する東宝関係者を集めて、僕と大島のためにホテルのテラスでランチ・パーティを開いてくれました。そこで川喜多さんは「僕は東宝の主席株主です。今回のヴェネチア映画祭には東宝の映画が一本もなくて松竹出身の大島君と篠田君の二本が出ている。東宝の株主としては残念だけど日本の名誉のために私はこのふたりの映画は今後も応援し続けます。君たち東宝の社員も篠田、大島の映画をバックアップしてほしい」とスピーチしてくれました。

——川喜多長政さんは日本人として唯一の国際的映画人でしたからね。もちろんかしこさんもですけれど。

篠田　その後、『沈黙』『はなれ瞽女おりん』を作れたのも東宝のバックアップがあったからなんだけど、そのときの川喜多さんのスピーチのおかげだと思っています。

——そうした海外での日本映画に対する認識の高さはＡＴＧ映画の功績のひとつですね。

佐藤　選定委員、企画委員をやっていてよく分かったのは、アート系の映画が果たしている役割の大きさと、映画作家がいかに頑張って映画を作っていたかということを肌身で実感できたことですね。

篠田　僕は佐藤さんの「斬られ方の美学」を読んで、映画というのはこういう考え方もあるんだと教えられる、忘れられない読書体験をしたんですが、あのころの「映画評論」には撮影所育ちの人間の知らない言葉が溢れていた。そこへドナルド・リチーさんの「映画芸術の革命」（１９５８）が翻訳出版されて、自分たち自身も「映画を批評する言葉」と「映画を作る言葉」をどうやって一致させるかという努力をしはじめた。映画の評論は映画を知らない批評家の言っていることで、こっちは映画の玄人だから……そういう認識が撮影所育ちの人間には何となくあって、そこには眼に見えない壁があったんですよ。ところがＡＴＧに集う映画人にはそれが希薄だったですね。

佐藤　確かに批評家に何と言われようとそれはそれ、という雰囲気があったけど、ＡＴＧには作家と評論家の言動が響き合うような世界がありましたね。

［2017年1月25日 Bunkamuraロビーラウンジにて］

佐藤忠男（さとう・ただお）
映画評論家・教育評論家・日本映画大学学長

1930（昭和5）年、新潟県生まれ。1954年に『思想の科学』に大衆映画論「任侠について」を投稿し、鶴見俊輔の絶賛をうける。1956年刊行の初の著書『日本の映画』でキネマ旬報賞を受賞。その後、『映画評論』『思想の科学』の編集にかかわりながら、評論活動を行う。1996年に紫綬褒章を受章。その他に、勲四等旭日小綬章、芸術選奨文部大臣賞、韓国王冠文化勲章（韓国）、レジオンドヌール勲章シュヴァリエ、芸術文化勲章シュヴァリエ（フランス）等を受賞。第7回川喜多賞を、妻の佐藤久子とともに受賞。その後、ポーランドとモンゴルからも勲章を受賞。

日本アート・シアター・ギルド(ATG)の運動と佐藤忠男、篠田正浩の活動

資料作成＝植草信和

1957(昭32)　〈シネマ57〉結成（勅使河原宏、羽仁進、松山善三、川頭義郎、荻昌弘、草壁久四郎、丸尾定他）
●篠田正浩 26歳／大船で中村登、原研吉、岩間鶴夫、小津安二郎、渋谷実などの助監督として働く。
●佐藤忠男 25歳／前年の1956年、初の著書「日本の映画」でキネマ旬報賞を受賞。

1959(昭34)　〈シネマ57〉を母体に〈日本アート・シアター運動の会〉発足。（川喜多かしこ、登川直樹、堀川弘通）
●篠田正浩 28歳／助監督
●佐藤忠男 29歳／前年58年、「裸の日本人 判官びいきの民族心理」（カッパ・ブックス）刊行

1960(昭35)　川喜多かしこの要請を受けた森岩雄（東宝副社長）は、東京の日劇文化、大阪の北野シネマ、名古屋の名宝文化、福岡の東宝名画座、札幌の公楽文化の5館と600万円の資金提供、森から誘われた三和興行社長の井関種雄は新宿文化と100万円、その他、江東楽天地、テアトル興行、OS興行が100万円を出資、横浜の相鉄文化、東京の後楽園アート・シアター、京都の京都朝日会館、神戸のスカイ・シネマなどの劇場も参加し、資本金1千万円、10館の加盟館を持つ日本アート・シアター・ギルドが誕生した。

三和興行から葛井欣士郎が新宿文化の支配人として出向。
●篠田正浩 29歳／『恋の片道切符』と『乾いた湖』（脚本：寺山修司）で監督デビュー
●佐藤忠男 30歳／「『日本の夜と霧』その独創にふれて」「日映新社撮影所訪問」執筆。

1961(昭36)　11月15日、株式会社として発足。上映する作品は「作品選定委員会」が決定する。（委員は飯島正、飯田心美、井沢淳、植草甚一、清水千代太、登川直樹、南部圭之助、双葉十三郎　※佐藤忠男は1965年から参加）
●篠田正浩 30歳／『三味線とオートバイ』『わが恋の旅路』『夕陽に赤い俺の顔』
●佐藤忠男 31歳／「斬られ方の美学」執筆

1962(昭37)　4月20日、第一回上映作品『尼僧ヨアンナ』（東和が輸入配給としたが、政府の許可による輸入割り当て（クオーター制）は敢えて東和のライバルである城戸四郎の松竹が提出。輸入の費用は1口5万円（新外映、松竹、映配、イタリーフィルム）で、足りない部分は東和が負担した）。
※7月、勅使河原宏『おとし穴』公開。
●篠田正浩 31歳／『涙を、獅子のたて髪に』『山の讃歌 燃ゆる若者たち』『私たちの結婚』
●佐藤忠男 32歳／「神秘的詩劇『戦場』」「『秋津温泉』と吉田貴重」「時代劇はどこへ行くか?」

1965(昭40)　『ユンボギの日記』が新宿文化のナイトショーで公開（大島の講演つき）。「この成功で大島は、この映画館で一カ月の上映が成功したらどれくらいの収益が可能か、ということから逆算して予算を立てて、白土三平の漫画を撮影、モンタージュして『忍者武芸帳』を作った」（佐藤）
●篠田正浩 34歳／『暗殺』『乾いた花』（1964年）『美しさと哀しみと』『異聞猿飛佐助』
●佐藤忠男 35歳／「少年の理想主義」（1964年）「映画子ども論」

1966(昭41)　4月12日、『憂国』公開。藤井浩明を通じて持ち込まれ、ブニュエルの『小間使の日記』と併映し大ヒットする。
※『とべない沈黙』（2月）公開。
●篠田正浩 35歳／『処刑の島』
●佐藤忠男 36歳／「テレビの思想」

1967(昭42)　6月25日『人間蒸発』公開。「今村が企画を立てて日映新社の堀場社長に持ち込んだ。堀場氏は旧知の井関種雄に相談した。井関は今村がいう1千万円の製作費を5百万円づつ折半という案を提示、企画委員会（従来の作品選定委員会）の了承を取り付ける。これで1千万円という枠組みが決まった。この予算枠はATGの劇場の収入から多少楽天的に逆算した数字でもあった」（佐藤）
●篠田正浩 36歳／『あかね雲』（表現社）
●佐藤忠男 37歳／「ベルイマンの渇望像と思想体系」「東ヨーロッパ映画の台頭」執筆

1968(昭43)　2月3日『絞死刑』公開。「この1千万映画で劇映画を作ろうという試みに大島渚とその仲間たちが取り組むことになる。その時一番やりたい題材として小松川高校事件を扱ったシナリオがあったが1千万円では無理がある。しかし死刑場を一カ所に絞ってデスカッション・ドラマにするならばセットはひとつですみ、登場人物は限られ、安上がりですむ。（略）井関種雄が経営していた芝園館が閉館になって取り壊しを待っていたのである。中抜きになっている映画館の中は二階建てのセットを作るのにもってこいだった。こうして予算の乏しさを克服する工夫が重ねられ、低予算なればこその新手がつぎつぎ編み出されて、それが出来上がった作品を知的なものにしたのだった」（佐藤）
『絞死刑』『初恋・地獄篇』『肉弾』『新宿泥棒日記』
●篠田正浩 37歳／『心中天網島』シナリオと製作準備
●佐藤忠男 38歳／「権利としての教育」「読書と人間形成 孤軍奮闘のたのしみの発見」

1969(昭44)　5月24日『心中天網島』公開。「（略）芸術的評価に関する限り、既成の大手に勝るとも劣らない成果を上げたのである。そして、その最も魅力的なものは、予算の乏しさを工夫で補うことによって、かつてない新手を編み出した一連の作品であった。そこではしばしば、映画界以外の芸術の諸分野から来た人々の才能が活かされて輝いていた。篠田正浩の『心中天網島』で前衛映画の舞台のような独創的な装置をデザインしてあっといわせたイラストレーターの粟津潔がそうだ（略）」（佐藤）
『少年』『薔薇の葬列』『地の群れ』『エロス＋虐殺』『心中天網島』

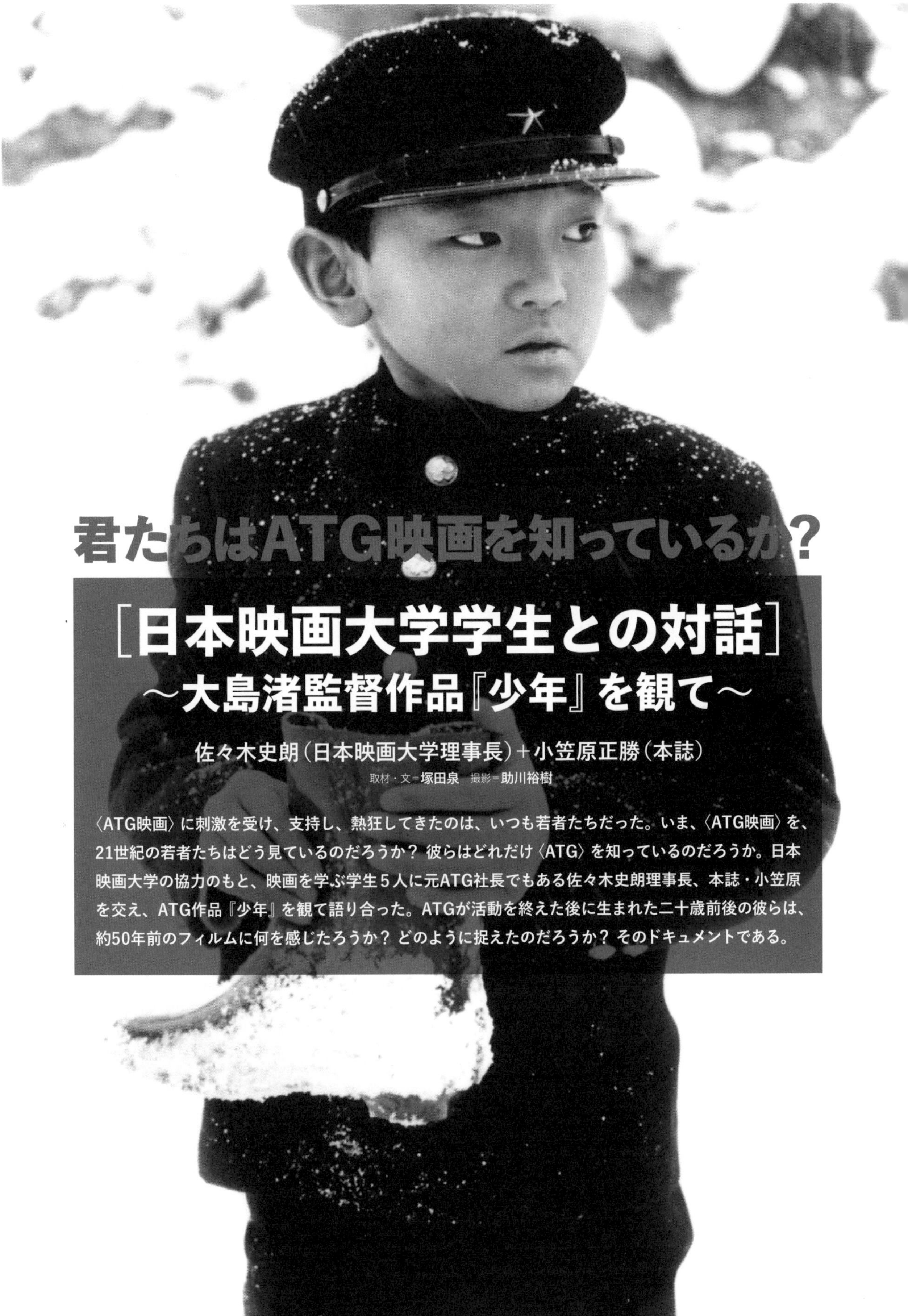

君たちはATG映画を知っているか？

［日本映画大学学生との対話］
～大島渚監督作品『少年』を観て～

佐々木史朗（日本映画大学理事長）＋小笠原正勝（本誌）

取材・文＝塚田泉　撮影＝助川裕樹

〈ATG映画〉に刺激を受け、支持し、熱狂してきたのは、いつも若者たちだった。いま、〈ATG映画〉を、21世紀の若者たちはどう見ているのだろうか？ 彼らはどれだけ〈ATG〉を知っているのだろうか。日本映画大学の協力のもと、映画を学ぶ学生５人に元ATG社長でもある佐々木史朗理事長、本誌・小笠原を交え、ATG作品『少年』を観て語り合った。ATGが活動を終えた後に生まれた二十歳前後の彼らは、約50年前のフィルムに何を感じたろうか？ どのように捉えたのだろうか？ そのドキュメントである。

ディスカッション参加者

吉尾祐紀
（日本映画大学３年・脚本演出コース）
スクリューボール・コメディの大ファン。チャップリン映画も好き。2016年公開作品では、父親の影響で80年代前半のブリティッシュ・サウンドのファンだったことから、当時の風俗を描いた青春映画『シング・ストリート 未来へのうた』（15）がまさにド真ん中だったとか。

堀口 悠
（日本映画大学３年・撮影照明コース）
中学時代、小学生の頃の自分たちに重ねながら観たロブ・ライナー監督作品『スタンド・バイ・ミー』（86）がオールタイムベスト。2016年公開作品の中では、「寄りすぎてもう鼻にしかピントが合っていないというくらい、その画に対するスタッフの情熱の強さを感じた」という李相日監督作品『怒り』に最も深い感銘を。

原口大輝
（日本映画大学４年・脚本演出コース）
日本映画大学2016年度３期卒業制作作品の監督を務め、卒業後はプロの現場で活動していくことに。「突き刺さるような映画が好き」なため、井筒和幸監督作品『ガキ帝国』(81)＆マイケル・マン監督作品『ヒート』（95）がベスト。最近突き刺さった映画は、真利子哲也監督作品『ディストラクション・ベイビーズ』（16）。

小笠原正勝

佐藤初那
（日本映画大学２年・録音コース）
スプラッターからサイレントまで、ジャンル問わず好き嫌いなし。中でも「ああ芸術ってこういうものなんだ！」と大感動した04年版の『オペラ座の怪人』は、大学入試の作文にその思いを熱くぶつけたほど好き。2016年のベストは、主人公のすずに共感して号泣したという、片渕須直監督作品『この世界の片隅に』。

小川 玲
（日本映画大学３年・編集コース）
高校生の頃に観たマーティン・スコセッシ監督作品『ディパーテッド』（06）で開眼。最近では、"家族＝いいものだ"的な話を嫌う自分が納得するような作品なのに、結局、感動させてくれた」是枝裕和監督作品『海よりもまだ深く』（16）に心を動かされたという。

佐々木史朗（ささき・しろう）日本映画大学理事長
1939年、大連市生まれ。映画プロデューサー。TBSテレビ演出部を経て、70年にTBSとの共同出資による番組製作会社（株）東京ビデオセンターを設立。代表に就任し、テレビ番組制作を開始。79年には（株）日本アートシアターギルド（ATG）の代表も兼任し、多くの新人監督を発掘するとともに、その作品製作を手掛けた。93年に(株)オフィス･シロウズを設立、プロデューサー主導による映画作品の企画開発や製作・配給をスタート。近年の担当作品に『夢売るふたり』『キツツキと雨』『岸辺の旅』など。本年６月から京橋フィルムセンターで「プロデューサー佐々木史朗特集」が開催予定。

［学年は2017年2月現在］

「渚すげえ!」

小笠原　今、みなさんに観てもらったのは大島渚監督の『少年』ですが、69年の作品だから、48年前の映画ということになる。今日の上映作品を決めるにあたって、東陽一監督の『サード』(78)とどちらにしようか迷ったのだけれど、作品の時代背景やテーマを考えて、年代的にみなさんと距離がある方がよいだろうと思い『少年』にしました。まずこの作品の総体的な印象を聞かせてくれませんか。

小川(3年・編集コース)　この『少年』がつくられたのは69年だと考えると、その時点ですでに日本の敗戦から20年以上たっていることになりますよね。それでもまだまだ戦争の後遺症のようなものを引きずっているんだな……というところに、僕はまず目が行きました。今、僕たち3年生は、春休み中に卒業制作候補シナリオつくっているところなんですが、東日本大震災の直後なので、やっぱり震災による傷について扱う作品も多いんです。そういう意味でも、敗戦で傷を負った人たちのナマの声がこの映画の中に強く反映されている点が、すごく印象的でした。

小笠原　この映画は、当時、実際に子供を使った〝当たり屋〟夫婦の犯罪事件があって、大島渚は「魂の奥底から揺り動かされるほどの衝撃を受け、いいようもない感動だった」と、映画を作った動機と意図を語っているんです。父親は傷痍軍人で病気持ちでもあるため働けない。だから彼は奥さんに(途中からは10才の息子=少年にも)当たり屋をやらせて生活費を稼ぐ。「戦後」を引きずる父親の姿と日本という国が生々しく投影されている。大島渚は、ある家族の姿を象徴的に捉えながら、少年の目を通して「犯罪の現実」を描いているわけです。

堀口(3年・撮影照明コース)　少年の顔のアップとか、目の表情は本当にすごかったです。僕は自分が専攻している関係で、やっぱり撮影方法に目がいったんですが、アップになるところはちゃんと望遠で、他は広く広角を使って観やすくしているなとか、ラティテュードの幅を最大限に活かしているなとか、いろいろ感心しながら観ていました。あと、ワンカットワンカットの画がすごく綺麗でしたね。特に、画の中の重要な人物だったりポイントになるものに、必ずワンポイントとして鮮やかな色が置いてあって、それも印象的でした。

小笠原　この映画の撮影は、当時、生え抜きのカメラマンだった吉岡康弘さんが担当でした。彼はもとはスチール写真の人ですが、映像もシャープで、対象の捉え方が巧いですね。

佐藤(2年・録音コース)　先ほど「少年の目を通して」というお話がありましたが、私がまず思ったのも、〝大島渚は大人の目線ではなく、子供の目線になりきっている!〟ということ。考えてみれば、『絞死刑』(68)のときも、主人公の男の目線=大島渚の目線でしたよね。大島渚って、すごく〝目線〟を大事にする監督で、しかもその目の感じは、どの大島作品にも共通している。そんなことを、『少年』を観ながら改めて感じていました。

小笠原　そうですね。この映画の少年の目というのは、やはり監督の目ですね。それにしても、佐藤さんは大島渚に詳しい。他には何を観ました?

佐藤　『忍者武芸帳』(67)も好きです。少し前、「少年ジャンプ」が漫画に声優さんの声を当てるっていうコンテンツをやっていたんですけど、そんなことずっと昔に大島渚が『忍者武芸帳』でやっていたじゃないかと。そう思うと、渚すげえ!って(笑)。

〈一千万円映画〉という取り組み

小笠原　原口くんは4年生で、この中では最上級生だけど、大島渚についてはどうですか?

原口(4年・脚本演出コース)　実は僕、大島渚の映画って、なぜかあまり観ていないんですよ。だからこの『少年』も、観たのは今日が初めてです。もちろん大島渚の存在自体は知っていましたし、大学の授業の中でも何本か観ているはずなんですが、僕が好きなのは黒澤明とかトリュフォーとかなので、大島渚だけじゃなくATG作品には、個人的な興味の矛先はあまり向かなかったんです。……と言いながら、この座談会のためにATGのことをいろいろ調べたら、ATG作品だと知らないまま観ていた映画が意外とあって。僕、いっちばん好きな映画が井筒（和幸）監督の『ガキ帝国』（81）なんですけど、あれもATG作品だって知って驚きました（笑）。

小笠原　『ガキ帝国』は、佐々木理事長がATGの社長に就任してから（＝第Ⅲ期）の、佐々木さん製作の作品です。

原口　ああ、そうなんですか！　すみません！

佐々木　（笑）。

原口　で、『少年』ですが、まず面白かったのが、主人公の少年と、年の離れた弟のチビ。この子役たちの、どこまでが素でどこからが芝居かわからない演技は、とにかく迫力がありました。特にあのチビの、旅館で朝食をとっているシーンでの動線が神がかっていてすげーと思ったんですけど、あれは子役がすごいのか、監督がすごいのか、どっちなんだろう？　あとは、すごくお金をかけてつくったんだなと感じたんですが、でも、実はこの作品、一千万円しかかけていないんですよね。

小笠原　今村昌平が『人間蒸発』（67）を一千万円で撮ったことで、大島渚が「一千万円で映画を撮ろう」と試み出した。

原口　一千万円でこれほどの画がつくれるんですね。カット割りにしても構成にしても技術を感じたというか、とにかくすごいと思いました。

吉尾（3年・脚本演出コース）　僕は『少年』を観るのは2回目か3回目なんですが、今回は、そういえばこの映画、「観ずに死ねるか！　傑作絶望シネマ88」（鉄人社刊）にも載ってたなあ（笑）と思い出しながら観ていました。

小笠原　そうか、〝絶望の映画〟というとらえ方もあるんだ。

吉尾　で、今回は久しぶりの鑑賞だったんですが、少年の気持ちに関しては、何回観ても感情移入できないというか、ちょっとつかめないところがありまして。たとえば、後半にかけて〝少年のひとりぼっち感〟みたいなものがどんどん見えてくるんですけど、そうかと思えば継母との絆が芽生えてみたり、最後はお父さんを庇うようなことも言うじゃないですか。そこをどう解釈したらいいのかなと……。

小笠原　この主人公の少年は、すごく複雑なものをいろいろ抱えている。それは大島渚監督が、少年自身の子供としての悩みや望みだけでなく、戦争で大人たちが負った傷も、さらには、そういう大人たちがつくってきた社会や時代の悩みや歪みをも抱え込ませた形で、この少年を描いているからなんだ。さっき佐藤さんも言っていたけど、つまり、少年の目は、大島渚監督の目。だから少年の中には、希望も絶望も含めて、さまざまな感情が同時に詰め込まれている。

吉尾　そういうことですか。いずれにしてもこの少年が〝家族という縛りの中でいろいろなものと向き合わされる〟みたいなところは、絶望とまではいかなくても、ぞっとするというか、ちょっと恐いなあと思いながら観ていました。

『少年』パンフレット（1969TAB）

あの〝クソ親父〟をどう見るか

小笠原　今、吉尾くんが「ちょっとつかめないところがあった」という感想を言ってくれたけど、たとえば他に、古臭さとか違和感などを感じたところはある？　なにしろ、みなさんが生まれる前の作品だから。

佐藤　昔の映画を観るときって、〝これは昔の時代の話だから〟という前提で観ているので、むしろヘンな違和感みたいなものを感じることは少ないんですが、しいていえば、少年が学校に行かなくても特に問題になっていないところが、ちょっと引っかかりました。今の時代だと、親が子供を学校に行かせなかったらたいへんな騒ぎになるじゃないですか。でもこの少年は、学校に行っていないどころか、家もなく、一家揃って全国を転々としていて……。自由といえば自由なんですけど、今の時代からしたら考えられないなと思いました。

原口　俺はあの親父に対してずっと苛々していましたね。特にすごくひっかかったのは、小さい子供を抱えて家もなく、しかも嫁や子供に当たり屋で稼がせておきながら、行く先々の旅館であんなドンチャン騒ぎしていていいのかと。高い旅館に泊まって芸者呼んで、何楽しんでんだボケ！みたいな（笑）。あの親父だけは許せませんね。

小笠原　でも父親をあんなふうに描いたところに、大島渚のラディカルさがよくあらわれているともいえる。その日暮らしのあの投げやりな感じの中に、戦争が終わってもずっと引きずっている彼の苛立ちを込めたのであって、そういう父親の姿を見ていくことによって、少年がいやおうなしにいろいろなものを背負わされていく……。

原口　いやあ、それはわかるんですが、でも最後、やっと大阪で家を借りて腰を落ち着けたところに警察がやってきて、そこに親父がちょうど帰ってくるじゃないですか。あそこで少年は「とーちゃん逃げて！」って言いますよね。俺、「マジか！」と思いましたよ。

堀口　僕も、あんなクソ親父なのに何で庇うのかな？って。今もそこは理解できていないです。

小笠原　それは、さっき吉尾くんが「どう解釈したらいいかわからない」と戸惑っていた部分でもありますね。

佐藤　私は、それには2つの可能性があると思いました。ひとつは、本当にお父さんに逃げてほしいという子供としての純粋な気持ち。もうひとつは、警察がいる前で「逃げて」って言うことは、イコール「こいつ犯人ですよ」と告発しているのと同じとも考えられる。彼の「逃げて」は愛情だったのか憎しみだったのか……結局、自分の中ではまだ結論が出ていません。

小川　僕は純粋に「逃げて」と思ったんだと感じました。まだ北海道で当て逃げをやっている頃、少年がチビのためにつくってあげた雪だるまを壊すシーンがありますよね。それは、雪だるま＝正義の象徴を自ら壊すことで（自分は悪人なんだ。悪人として生きていくしかないんだ）と、子供ながらに折り合いをつけたということなのかなと思ったんです。だからこそ、〝共犯者〟である父親のことも、そこで受け入れたんじゃないかなと。

吉尾　家族で捕まった後、各々取り調べを受けているときも、少年は平気な顔をして犯行を否定していますからね。でもその取り調べの中で、ひとつだけ、本当のことを言う。「北海道には行ったよ」と。それって、自分のせいで死んだともいえる、あの北海道の少女の死に対してだけは、嘘をつきたくなかったってことですよね。

小笠原　いろいろなものと折り合いをつけた少年の中の純粋性でしょうね。これが、映画『少年』のキーワードでもある。

小川　最後の最後、その「北海道には行ったよ」のところで、彼は涙を流しますよね。折り合いをつけたことで自分で自分を覆ったはずの殻が、ちょっとだけ破れたのかなと思うと、少し切なくなりました。

軋みの中でこそ生まれる表現

小笠原　みなさん、あの親父についてはそうとう違和感や嫌悪感があったようだけど、他ではどんなところに現在の映画との違いを感じましたか。

原口　僕は〝ああ映画観たな～！〟って感じがしましたね。それこそ、ワンカットワンカットが見応えあって。単に自分の好みなのかもしれないですけど、60年代、70年代の邦画を観ると、そういう気持ちによくなりますね。

小笠原　それじゃ、原口くんにとって今の時代の映画はどんな感じなの？

原口　正直、質がいいものを観た感じがしないというか……。だから負けたな～と思います。負けないようにしよう、見てろよ！と思いながら、今、頑張っているんですが（笑）。

吉尾　僕も同じですね。古い映画には、ひとつのカットに対する重みとかスタッフやキャストの情熱みたいなものが、すごく感じられるんですよ。

もちろん今の映画には重みも情熱もないとまでは思わないけれど……。あと、昔の映画はカットごとの狙いが非常に明確ですよね。たとえば、今回の『少年』だったら、（ここで少年の顔が見たい！）と思ったときに、少年の顔がガッと映し出されて、さらにそこで彼がすごくいい表情をする……みたいな。とにかく、昔の映画には、そういう監督の狙いが力強く表現されているものがすごく多いように思えますね。

佐藤　今、先輩たちの話を聞いていて、いちいちそれな！と共感していたんですけど、確かに昔の映画って、ワンカットワンカットの重みが違う。この『少年』もそうですし、溝口健二監督なんかの映画を観ていてもいつも思います。しかも、重みがあるだけじゃなく、同時に観客を飽きさせないようにという思いがすごく伝わってくるんです。たとえば、ヒロインが並木道を奥の方から歩いてくる様子をずっと映したキャロル・リード監督の『第三の男』（49）のラストなんか、そのいい例ですよね。そう考えると、昔の映画ってやっぱり〝映画的〟だなと思っちゃいます。

小笠原　佐々木さんは、何十年も映画づくりに携わってこられている。過去の映画も今の映画も知る立場として、どんなことを感じていますか？

佐々木　これは映画に限らない話だけど、時代、あるいは社会全体がある軋み方をしているときって、いい表現物があらわれるんだよね。たとえば、この『少年』が作られた頃というのは、ちょうど日本の高度経済成長期の最後にさしかかるぐらいの時期なんだけど、すごい勢いで経済的に成長してきたその一方で、当然ながらそれについていけない人間をも同時に生んだ時代でもあった。この一家なんか、まさに経済的な成長に乗り遅れた人間たちだといえるよね。そういう社会の大きな軋みがあったからこそ生まれたのが、『少年』であり、その他のATG作品だということは確実にいえると思う。そういう観点から今はどうだろうかと見て行くと、時代自体がなだらかでぬるいからか、キシキシと音をたてるような映画は出てきていないという気がするよね。

小笠原　さっき、小川くんも言っていたけれど、近年、社会が大きく揺らぐ出来事としては東日本大震災があった。それをテーマに据えた映画も撮られてきてはいますよね。

佐々木　もちろん震災の結果としてつくられたものはいくつかあるけれど、やっぱりどれも小さいんだ。あれだけのことがあったからには、それを引き金として何らかの強い表現が出てきてしかるべきだという私の感覚からしたら、まだ小さい。私が見た限りだと、今のところなるほどと思えたのは『シン・ゴジラ』（16）ぐらいしかないんだな。そう、『シン・ゴジラ』には感心したよ。震災に関してまだ誰も、表現者としての答えを出せていないな……とずっと思ってきたところ、意外や意外、出したのは庵野（秀明）だったか！という驚きはあったけどね（笑）。

〝映画的な映画〟を求めて

小笠原　ところで、さきほど佐藤さんから〝映画的〟という言葉が出たけど、では、映画的とはいったいどのようなものなのか。これについて考えてみようか。

原口　僕は、観客が想像力を働かせながら観ていけるもののことだと思います。たとえば『少年』

でいえば、少年が家族で泊まっている旅館からこっそり逃げ出すシーンがありましたよね。で、辿り着いた天橋立で「明日は何時に起きてもいいや」と言って真っ暗な浜辺に寝転びながら、いつしか涙を流している。と思ったら、次のシーンではすっかり家族と一緒で、当て逃げの計画を練ったりもしていて……。でもそれだけで、ああ少年は結局、家族のもとに帰ったんだな、と。天橋立であんなふうに泣いた後、（でも俺、戻るしかないのかな。戻る分の電車賃はまだあるし……）とか思ってトボトボと戻ってきたんだろうな……って想像できるんですよね。僕は、そういうものこそ映画的な表現だと思うんです。

小笠原　つまり、カット割りされた狭間や、画面の向こう側にある情景について、いかに観客に想像させることができるか、ということだね。

原口　たぶん、今の映画だったら、天橋立で泣いた後、立ち上がって電車に乗ってトボトボ帰ってきて、「どこ行ってたんだ〜！」って頭叩かれて……みたいなところまで全部映すはずなんですよ。全部見せてあげないとわからないという。そこが大きな違いだと思います。

吉尾　僕の好きな映画にレオ・マッケリー監督の『新婚道中記』（37）っていうドタバタ喜劇があるんですが、この映画、いろいろな規制が厳しかった当時のアメリカ映画界の中で、すごく工夫を凝らしてつくられた作品なんです。たとえば、性的な表現がタブーだったかわりに、扉が風で揺れたりすることなんかでそのことをあらわしたり、監督たちが考えに考えながら何とか表現しようとしているんですよ。原口さんが言っていた〝省略〟の話とは、ちょっと意味合いが違うかもしれないけど、これも観客に想像させる映画ということで、すごく〝映画的〟な作品だと思っています。

小笠原　なるほどね。では、映像表現的なことでいえばどうだろう？

堀口　僕は、ひき画のときに、何かすごく伝わってくるものがあったりすると、映画的だなと感じますね。

小笠原　それは、具体的な形としてはないものだけど、空気と言うか、ある空間……つまりは〝その空間が捉えられている〟ということだね。目に見えないところのドラマ（劇）、それが映画的。映画でしかできない、映画ならではの表現だといえるわけだ。

吉尾　あとは台詞。たとえばテレビドラマを見ていると、たいてい感情を言葉にしていますよね。でも映画って、ただ立っているだけでも、ああ悲しいんだろう、嬉しいんだろうってことを目に訴えることができるものだと思うんです。それは台詞に限らず、時代背景しかり、人物のバックボーンしかり。つまり、観客が受動的に観るのではなく、想像力を働かせて能動的に観ることができるもの。そういう作品が映画的なんだと思います。

小笠原　テレビが引き合いに出されましたが、もともとテレビの仕事をされていた佐々木さんにも聞いてみましょう。

佐々木　もちろん、映画的とはどういうことかとか、ドラマと映画の違いとは何かについては、私もずっと考えてきたわけだけど、集約していくと、テレビって、結局〝喋る媒体〟なんだよね。で、映画は〝見せる媒体〟。たとえば、窓辺に立っている女優さんに、雨がしとしと降ってる風景を見ながら「雨が降ってるわ」って言わせるのは、テレビではアリだけど、それは映画ではやってはいけないことなんだ。というか、それをやったら確実に〝映画的〟ではなくなる。要は、映画の場合、目で見てわかることを台詞にする必要はないってことだよね。

小笠原　そのうえで、モノとモノ、人と人の間にある何かが〝映されている〟と感じると、観ている者の感情をすごく揺り動かす。今回の『少年』を含めたATG作品は、まさにそういうところに焦点が置かれた作品群だったともいえます。映画の勉強をしているみなさんには、そういう〝映画的〟な作品をどんどん作っていってほしい。特に原口くんは、卒業後、フリーランスの制作部、助監督として活動していくことが決まっているんですよね。期待しています！

原田　頑張りますので、ご協力もお願いします（笑）。

［2017年2月7日　日本映画大学・白山キャンパスにて］

ATGを語る。

根岸吉太郎

『遠雷』ポスター（1981小笠原正勝）

大学の頃はよく新宿の名画座で映画を観ましたが、ATG作品を上映していたアートシアター新宿文化（地下の蠍座を含む）は独特な場所でした。いかにもアングラな小屋で難解な作品を打つ。学生にはそれだけでも惹かれるのに、その後さらに“一千万円映画”というプロジェクトを発表して、新しい〈映画運動〉をやっている場所だなというふうに認識していました。

ただ日活の撮影所に入って、そんなATGが身近に感じられたかといえば、そうではなかったですね。ひとつは、僕はやはり松竹の小市民映画などが好きでしたから、「自分の目指すものとは違うものをやっている」という意識があったのかもしれない。ATGの映画は、どうしても批評家みたいな目で観てしまうんですよ。ゴジ（長谷川和彦）の『青春の殺人者』（76）の現場にも応援に行きましたが、あくまでも日活の今村昌平さんの血を受け継いだゴジの現場に行く、という感じだったし、何より当時は「日活ロマンポルノ」という枠組だって十分に挑戦的でしたから、「ATGよりも尖った部分を俺たちは引き受けているんだ」ぐらいの自負はあったんです。

それが皮肉な事に、僕が監督昇進したのと前後して佐々木史朗さんがATGの新社長になって、ほどなく「ATGで撮らないか？」という話が来ました。佐々木さんが日活の岡田裕プロデューサーに「日活の若手監督からもATGで撮らせたい」と声をかけたそうです。だけど僕は不思議と違和感はなかった。当時、新作が完成するたびに撮影所内で講評会があったんですが、僕の映画はよく「お前ここは日活だぞ。ATGじゃないんだから」と言われてたんですね（笑）。あまり自覚はなかったけれど、「ああ、俺のポジションってそうなんだ」とは思っていましたから…。いざ撮るとなると、初の一般映画ですし、原作と脚本は立松和平、荒井晴彦という当時自分が一番組みたかった人たちとやりたい、サイズはロマンポルノで馴染んだシネスコではなく、過去の映画へのオマージュも含めてスタンダードで凝縮した絵柄を撮りたい、とかいろいろ出てきた。結局3年もかかってしまいましたが…。

この頃のATGは、当時出てきた自主映画や僕のような新人の監督にどんどん撮らせて、スタッフもキャストも含め新人たちが向き合う場所という雰囲気があって、作品が評価されることで自分たちの基準ができあがっていく。佐々木社長時代のATGというのは、それまでと違って、何かそういう場所として機能していったような気がしますね。

潤沢な予算のない日本映画には、時代時代で、常に新しい環境を生み出すまでのメセナのような場所が必要で、その頑張りこそが次の時代を呼び込む。だからATGもその後に関わったディレクターズ・カンパニーも、ちゃんと歴史を残したと思っていますけどね。

聞き手：佐々木淳［2017年2月24日 下北沢トロワシャンブルにて］

（ねぎし・きちたろう）1950年東京生まれ。1974年に日活撮影所に入社。助監督をへて、1978年に『オリオンの殺意より 情事の方程式』で監督デビュー。ATGでは1981年に『遠雷』を撮る。代表作に『濡れた週末』（79）『狂った果実』（81）『ウホッホ探険隊』（86）『永遠の1／2』（87）『絆 ―きずな―』（98）『雪に願うこと』（06）『ヴィヨンの妻 ～桜桃とタンポポ～』（09）など。現在、東北芸術工科大学の学長を務める。

大森一樹

（おおもり・かずき）1952年大阪生まれ。1975年に発表した16ミリ映画『暗くなるまで待てない！』で自主映画ブームの旗手に。1978年、『オレンジロード急行』で商業監督デビュー。ATGでは『ヒポクラテスたち』（80）『風の歌を聴け』（81）を監督した。代表作に『すかんぴんウォーク』（84）『恋する女たち』（86）『ゴジラvsビオランテ』（89）『大失恋。』（95）『わが心の銀河鉄道　宮沢賢治物語』（96）『悲しき天使』（06）など。現在、大阪芸術大学映像学科で学科長を務める。

かつてはプロの映画監督を目指すということは、大手の中で映画を撮り続けられる50～100人ぐらいの限られた監督になることだったと思うんです。でもプロの監督ってどうやってなればいいのか判らなかった。遠い存在だった。ATGって、そんな時代と僕らの時代を結ぶ象徴だったような気がします。

最初の衝撃はATGで1968年に配給されたゴダールの『男性・女性』（66）ですね。映画館で観る映画の概念がくつがえされた。はっきり言うと、これなら自分にも作れるかもしれないと親近感が湧いたんです。その後が“一千万円映画”の製作です。製作システムもテーマもプログラムピクチャーにはない革新性があったし、ATGの映画を観ている限り、反権力的な運動に参加しているという気持ちもありました。当時の僕らが映画を観るということはイコール、セックスを観て、政治を語ることでもあったんです。そんな気分を今の学生に説明しても理解してもらえないですけどね。最近は劇映画で真剣に政治を斬らなくなったでしょう？

佐々木史朗さんが1979年にATGの社長になって、自主映画の作家たちに目を向けてくれた。すぐに僕のところにも連絡があって、「若い感性の作家たちで大手4社にはできない“第5勢力”になろう」と。そこから僕らの時代の新しいATGが始まりました。『ヒポクラテスたち』（80）は佐々木さんが最初にラインナップした3本（他は橋浦方人監督『海潮音』（80）、寺山修司監督『さらば箱舟』（84））の中の1本ですが、個人的には自分の思い続けてきたATGのイメージとは違う作品なので、アートシアターでこんなに判りやすい映画でいいのかな？と居心地悪く思っていました。佐々木さんは「従来の邦画だったら重くなる題材を、大森のタッチで淡々と綴った見事な作家の映画だ」と高く評価してくれましたけどね。やっぱり自分にとってのATGらしい作品を作りたいと強烈に思った。それが『風の歌を聴け』（81）だったんです。

『ヒポクラテスたち』ポスター（1980小笠原正勝）

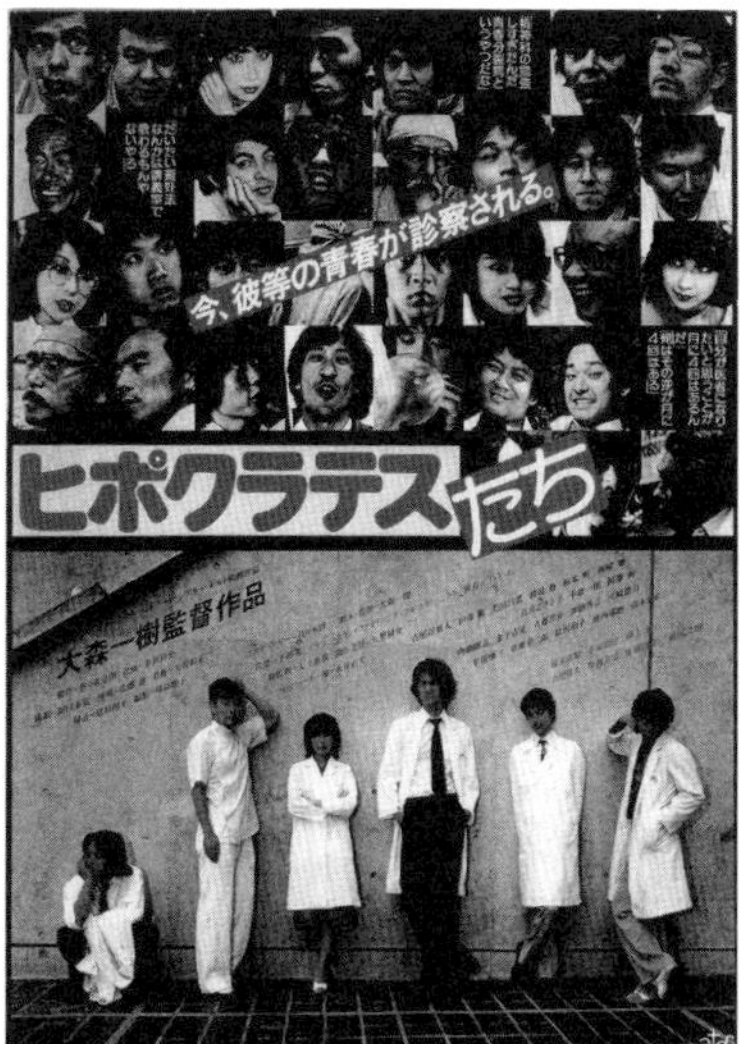

その後、佐々木さんの目指した新しいATGは花開いて、僕らの世代の作家が続々と作品を撮り、80年代のメイン監督に育っていった。ただ、ひとつだけ計算が違ったとしたら、僕らの世代もやがて大手会社のシステムの中に入っていかざるを得なかった。

当時、斜陽の映画界の状況を変えていけるのは「作品」だと思っていたんだけど、それは「作品」ではなくて、シネコンやデジタルという「環境」だった。だけど、僕は興行システムがまた画一化してきた今こそ、かつてATGがやったような独自の製作システムと観客へのプレゼンテーションが求められているように思います。

聞き手：佐々木淳［2017年1月31日 下北沢にて］

ATGを語る。

1966 **『市民ケーン』**（アメリカ1941）監督＝オーソン・ウェルズ/出演＝オーソン・ウェルズ
『銃殺』（イギリス1964）監督＝ジョゼフ・ロージー/出演＝ダーク・ボガード
『愛のレッスン』（スウェーデン1954）監督＝イングマール・ベルイマン/出演＝エバ・ダールベック
『アルトナ』（アメリカ1962）監督＝ヴィットリオ・デ・シーカ/出演＝ソフィア・ローレン
『大地のうた』（インド1955）監督＝サタジット・レイ/出演＝スビール・バナールジ
『魂のジュリエッタ』（イタリア1964）監督＝フェデリコ・フェリーニ/出演＝ジュリエッタ・マシーナ
『汚れなき抱擁』（イタリア1960）監督＝マウロ・ボロニーニ/出演＝マルチェロ・マストロヤンニ/1960ロカルノ映画祭グランプリ

1967 **『忍者武芸帳』**（日本・創造社1967）監督＝大島渚/（アニメーション）声の出演＝小沢昭一
『真実の瞬間』（イタリア1964）監督＝フランチェスコ・ロージ/出演＝ミゲール・マテオ・ミゲラン
『ラブド・ワン』（アメリカ1965）監督＝トニー・リチャードソン/出演＝ロバート・モース/1967映画評論第１位
『人間蒸発』（日本・今村プロ＋日本映画新社＋ATG 1967）監督＝今村昌平/出演＝露口茂、早川佳江/1967映画評論第１位
『気狂いピエロ』（フランス1965）監督=ジャン＝リュック・ゴダール/出演＝ジャン＝ポール・ベルモンド、アンナ・カリーナ
『河 あの裏切りが重く』（日本・フィルム新映人 1966）監督＝森弘太/出演＝佐藤慶、浜村純
『戦艦ポチョムキン』（ソヴィエト1925）監督＝セルゲイ・M・エイゼンシュテイン/出演＝アレクサンドル・アントーノフ
『戦争は終った』（フランス＝スウェーデン1965）監督＝アラン・レネ/出演＝イヴ・モンタン、イングリット・チューリン
『華氏451』（フランス1966）監督＝フランソワ・トリュフォー/出演＝ジュリー・クリスティ、オスカー・ウエルナー

1968 **『絞死刑』**（日本・創造社＋ATG 1968）監督＝大島渚/出演＝佐藤慶、渡辺文雄、小山明子
『召使』（イギリス1963）監督＝ジョゼフ・ロージー/出演＝ダーク・ボガード、サラ・マイルズ
『ベトナムから遠く離れて』（フランス・1967・ドキュメンタリー）総編集＝クリス・マルケル/監督＝アラン・レネ、ウィリアム・クライン、ヨリス・イヴェンス、アニエス・ヴァルダ、クロード・ルルーシュ、ジャン＝リュック・ゴダール
『初恋：地獄篇』（日本・羽仁プロ＋ATG 1968）監督＝羽仁進/出演＝高橋章夫、石井くに子
『男性・女性』（フランス＝スウェーデン1966）監督＝ジャン＝リュック・ゴダール/出演＝ジャン＝ピエール・レオ
『ヒットラーなんか知らないよ』（フランス1963）監督＝ベルトラン・ブリエ/出演＝ユゲット（18歳）他11人の若者たち
『夜のダイヤモンド』（チェコスロバキア1964）監督＝ヤン・ニェメッツ/出演＝アントニーン・クムベラ/1964西独マンハイム映画祭大賞、1964伊ペサロ映画祭受賞
『肉弾』（日本・「肉弾」をつくる会＋ATG 1968）監督＝岡本喜八/出演＝寺田農、大谷直子/1968芸術祭賞
『マルキ・ド・サドの演出のもとにシャラントン精神病院患者によって演じられたジャン＝ポール・マラーの迫害と暗殺』（イギリス1966）監督＝ピーター・ブルック/出演＝イアン・リチャードソン/1968芸術祭賞
『小さな兵隊』（フランス1960）監督＝ジャン＝リュック・ゴダール/出演＝アンナ・カリーナ
『さらば夏の光』（日本・現代映画社 1968）監督＝吉田喜重/出演＝横内正、岡田茉莉子

1969 **『新宿泥棒日記』**（日本・創造社 1968）監督＝大島渚/出演＝横尾忠則
『火の馬』（ソヴィエト1964）監督＝セルゲイ・パラジャノフ/出演＝イワン・ミコライチェク
『ポリー・マグーお前は誰だ』（フランス1966）監督＝ウィリアム・クライン/出演＝ドロシー・マクゴヴァン、ジャン・ロシュホール
『心中天網島』（日本・表現社＋ATG 1969）監督＝篠田正浩/出演＝岩下志麻、中村吉右衛門
『少年』（日本・創造社＋ATG 1969）監督＝大島渚/出演＝渡辺文雄、小山明子
『薔薇の葬列』（日本・松本プロ＋ATG 1969）監督＝松本俊夫/出演＝ピーター、土屋嘉男
『ウィークエンド』（フランス＝イタリア1967）監督＝ジャン＝リュック・ゴダール/出演＝ミレーユ・ダルク、ジャン＝ピエール・レオ
『ジャンヌ・ダルク裁判』（フランス1962）監督＝ロベール・ブレッソン/出演＝フロランス・カレ/1962カンヌ映画祭審査員特別賞
『十月』（ソヴィエト1928）監督＝セルゲイ・M・エイゼンシュテイン/出演＝ワシリー・ニカンドロフ

1970 **『地の群れ』**（日本・えるふプロ＋ATG 1969）監督＝熊井啓/出演＝鈴木瑞穂、奈良岡朋子、宇野重吉
『エロス＋（プラス）虐殺』（日本・現代映画社 1969）監督＝吉田喜重/出演＝岡田茉莉子、細川俊之
『バルタザールどこへ行く』（フランス＝スウェーデン1966）監督＝ロベール・ブレッソン/出演＝アンヌ・ヴィアゼムスキー
『アルファヴィル』（フランス＝イタリア1965）監督＝ジャン＝リュック・ゴダール/出演＝アンナ・カリーナ/1965ベルリン映画祭グランプリ、1965トリエステ映画祭グランプリ
『東京战争戦後秘話』（日本・創造社＋ATG 1970）監督＝大島渚/出演＝後藤和夫、岩崎恵美子
『無常』（日本・実相寺プロ＋ATG 1970）監督＝実相寺昭雄/出演＝田村亮/1970ロカルノ映画祭グランプリ
『煉獄エロイカ』（日本・現代映画社＋ATG 1970）監督＝吉田喜重/出演＝岡田茉莉子、木村菜穂
『アントニオ・ダス・モルテス』（ブラジル1969）監督＝グラウベル・ローシャ/出演＝マウリシオ・ド・バーレ
『大河のうた』（インド1956）監督＝サタジット・レイ/出演＝ピナキ・セン・グプタ/1957ベネチア映画祭グランプリ
『日本の悪霊』（日本・中島プロ＋ATG 1970）監督＝黒木和雄/出演＝佐藤慶、観世栄夫

日本アート・シアター・ギルド（ATG）全公開作品目録［1962〜1992 提携作品＆配給作品］

1962 **『尼僧ヨアンナ』**（ポーランド1961）監督＝イエジー・カワレロウイッチ/出演＝ルチーナ・ウインニッカ
1961カンヌ映画祭審査員特別賞
『オルフェの遺言』（フランス1959）監督＝ジャン・コクトー/出演＝ジャン・コクトー、マリア・カザレス
『おとし穴』（日本・勅使河原プロ1962）監督＝勅使河原宏/出演＝井川比佐志、田中邦衛、観世栄夫
『2ペンスの希望』（イタリア1951）監督＝レナート・カステラーニ/出演＝マリア・フィオーレ
1952カンヌ映画祭グランプリ
『もだえ』（スウェーデン1944）監督＝アルフ・シェーベルイ/出演＝スチーグ・イエレル
1946カンヌ映画祭グランプリ
『ウンベルト・D』（イタリア1951）監督＝ヴィットリオ・デ・シーカ/出演＝カルロ・バッティスティーニ
『野いちご』（スウェーデン1957）監督＝イングマール・ベルイマン/出演＝ヴィクトル・シェーストレム/1957ベルリン映画祭グランプリ
『人間』（日本・近代映画協会1962）監督＝新藤兼人/出演＝乙羽信子、殿山泰司/1962芸術祭賞
『アレクサンドル・ネフスキー』（ソヴィエト1938）監督＝セルゲイ・M・エイゼンシュテイン/出演＝ニコライ・K・チェルカーソフ

1963 **『みんなわが子』**（日本・全国農村映画協会1962）監督＝家城巳代治/出演＝中原ひとみ、高津住男
『夜行列車』（ポーランド1959）監督＝イエジー・カワレロウィッチ/出演＝ルチーナ・ウィンニッカ
『二十歳の恋』（フランス1962）監督＝フランソワ・トリュフォー（パリ）、レンツォ・ロッセリーニ（ローマ）、石原慎太郎（東京）、
マルセル・オフュールス（ミュンヘン）、アンジェイ・ワイダ（ワルシャワ）/出演＝ジャン・ピエール・レオー、田村奈巳
『5時から7時までのクレオ』（フランス1961）監督＝アニエス・ヴァルダ/出演＝コリンヌ・マルシャン、ミシェル・ルグラン
『夜の終りに』（ポーランド1961）監督＝アンジェイ・ワイダ/出演＝タデウシュ・ウォムニッキー
『ピアニストを撃て』（フランス1959）監督＝フランソワ・トリュフォー/出演＝シャルル・アズナブール
『僕の村は戦場だった』（ソヴィエト1962）監督＝アンドレイ・タルコフスキー/出演＝コーリヤ・ブルリヤーエフ/1962ベニス映画祭グランプリ
『彼女と彼』（日本・岩波映画1963）監督＝羽仁進/出演＝左幸子、岡田英次
『第七の封印』（スウェーデン1956）監督＝イングマール・ベルイマン/出演＝マックス・フォン・シドー/1957カンヌ映画祭審査員特別賞
『エレクトラ』（ギリシャ1961）監督＝ミカエル・カコヤニス/出演＝イレーヌ・パパス

1964 **『女ともだち』**（イタリア1956）監督＝ミケランジェロ・アントニオーニ/出演＝エレオノラ・ロッシ・ドラゴ
『イワン雷帝』（ソヴィエト1946）監督＝セルゲイ・M・エイゼンシュテイン/出演＝ニコライ・チェルカーソフ
『私はそんな女』（アメリカ1959）監督＝シドニー・ルメット/出演＝ソフィア・ローレン
『去年マリエンバートで』（フランス1960）監督＝アラン・レネ/出演＝デルフィーヌ・セーリグ/1961ベニス映画祭グランプリ
『長距離ランナーの孤独』（イギリス1962）監督＝トニー・リチャードソン/出演＝トム・コートネイ
『鏡の中にある如く』（スウェーデン1961）監督＝イングマール・ベルイマン/出演＝ハリエット・アンデルソン/1961アカデミー外国映画賞
『かくも長き不在』（フランス1960）監督＝アンリ・コルピ/出演＝アリダ・ヴァリ/1961カンヌ映画祭グランプリ
『ビリディアナ』（スペイン1961）監督＝ルイス・ブニュエル/出演＝シルビア・ピナル/1961カンヌ映画祭グランプリ
『パサジェルカ』（ポーランド1963）監督＝アンジェイ・ムンク/出演＝アレクサンドラ・シュロンスカ
『送られなかった手紙』（ソヴィエト1960）監督＝ミハイル・カラトーゾフ/出演＝インノケンティ・スモクトゥノフスキー

1965 **『アメリカの影』**（アメリカ1959）監督＝ジョン・カサヴェテス/出演＝レリア・ゴルドーニ
『復活』（ソヴィエト1962）監督＝ミハイル・シバイツェル/出演＝タマーラ・ショーミナ
『野望の系列』（アメリカ1962）監督＝オットー・プレミンジャー/出演＝ヘンリー・フォンダ
『孤独の報酬』（イギリス1962）監督＝リンゼイ・アンダーソン/出演＝リチャード・ハリス
『道化師の夜』（スウェーデン1953）監督＝イングマール・ベルイマン/出演＝オーケ・グレンベルイ
『子犬をつれた貴婦人』（ソヴィエト1960）監督＝ヨシフ・ヘイフィツ/出演＝イーヤ・サビーナ
『戦争の真の終り』（ポーランド1957）監督＝イエジー・カワレロウィッチ/出演＝ルチーナ・ウィンニッカ
『8 1/2』（イタリア1963）監督＝フェデリコ・フェリーニ/出演＝マルチェロ・マストロヤンニ/1963モスクワ映画祭グランプリ、
1963アカデミー外国映画賞
『明日に生きる』（イタリア1963）監督＝マリオ・モニチェリ/出演＝マルチェロ・マストロヤンニ/1964ブエノスアイレス映画祭グランプリ
『八月の砲声』（アメリカ1964）監督＝ネイザン・クロール/（第1次世界大戦のドキュメンタリー映画）

1966 **『とべない沈黙』**（日本・日本映画新社1966）監督＝黒木和雄/出演＝加賀まりこ、長門裕之
『太陽は光り輝く』（アメリカ1953）監督＝ジョン・フォード/出演＝チャールズ・ウィニンジャー
『小間使の日記』（フランス＋イタリア1964）監督＝ルイス・ブニュエル/出演＝ジャンヌ・モロー、ミシェル・ピコリ
『憂国』（日本1965）監督＝三島由紀夫/出演＝三島由紀夫、鶴岡淑子

1977 『**北村透谷 わが冬の歌**』（日本・三映社＋ATG 1977）監督＝山口清一郎/出演＝みなみらんぼう、田中真理

1978 『**星空のマリオネット**』（日本・東京ビデオセンター1977）監督＝橋浦方人/出演＝三浦洋一、亜湖
『**原子力戦争**』（日本・文化企画プロモーション＋ATG 1977）監督＝黒木和雄/出演＝原田芳雄、山口小夜子
『**サード**』（日本・幻燈社＋ATG 1977）監督＝東陽一/出演＝永島敏行
『**曽根崎心中**』（日本・行動社＋木村プロ＋ATG 1978）監督＝増村保造/出演＝梶芽衣子、宇崎竜童
『**新・人間失格**』（日本・吉留事務所1978）監督＝吉留紘平/出演＝大森博
『**君はいま光のなかに**』（日本・秀映1978）監督＝吉田憲二/出演＝小川知子
『**原田真二ステージ・ドキュメント OUR SONG and all of you**』（日本・りぼん＋バーニング・パブリッシャーズ）監督=龍村仁/出演＝原田真二
『**正午なり**』（日本・プロダクション12＋人間プロ＋ATG 1978）監督＝後藤幸一/出演＝金田賢一、手塚さとみ

1979 『**青春PARTII**』（日本・キャンえんたあぷらいず＋ATG 1978）監督＝小原宏裕/出演＝南条弘二、服部まこ
『**絞殺**』（日本・近代映画協会＋ATG 1979）監督＝新藤兼人/出演＝西村晃、乙羽信子
『**Keiko**』（日本・ヨシムラ・ガニオン・プロ1979）監督＝クロード・ガニオン/出演＝若芝順子、きたむらあきこ
『**もう頬づえはつかない**』（日本・あんぐる＋ATG 1979）監督＝東陽一/出演＝桃井かおり、奥田瑛二

1980 『**海潮音**』（日本・シネマハウト＋ATG 1980）監督＝橋浦方人/出演＝池部良、荻野目慶子
『**ヒポクラテスたち**』（日本・シネマハウト＋ATG 1980）監督＝大森一樹/出演＝古尾谷雅人、伊藤蘭
『**ミスター・ミセス・ミス・ロンリー**』（日本・市山パースル＋ATG 1980）
監督＝神代辰巳/出演＝原田美枝子、宇崎竜童

1981 『**ツィゴイネルワイゼン**』（日本・シネマ・プラセット1980）監督＝鈴木清順/出演＝原田芳雄、大谷直子
1981ベルリン映画祭審査員特別賞
『**ガキ帝国**』（日本・プレイガイド・ジャーナル社＋ATG 1981）監督＝井筒和幸/出演＝島田紳助、松本竜介
『**遠雷**』（日本・にっかつ撮影所＋NCP＋ATG 1981）監督＝根岸吉太郎/出演＝永島敏行、石田えり
『**風の歌を聴け**』（日本・シネマハウト＋ATG 1981）監督＝大森一樹/出演＝小林薫、真行寺君枝
『**近頃なぜかチャールストン**』（日本・喜八プロ＋ATG 1981）監督＝岡本喜八/出演＝利重剛、古館ゆき

1982 『**転校生**』（日本・日本テレビ＋ATG 1981）監督＝大林宣彦/出演＝尾美としのり、小林聡美
『**九月の冗談クラブバンド**』（日本・シネマハウト＋プロダクション爆＋ATG 1981）監督＝長崎俊一/出演＝内藤剛志、古尾谷雅人
『**TATTOO〈刺青〉あり**』（日本・国際放映＋高橋プロ＋ATG 1982）監督＝高橋伴明/出演＝宇崎竜童、関根恵子
『**怪異談 生きてゐる小平次**』（日本・磯田事務所＋ATG 1982）監督＝中川信夫/出演＝藤間文彦、宮下順子
『**東海道四谷怪談**』（日本・新東宝1959）監督＝中川信夫/出演＝天知茂、北沢典子、池内淳子
『**キッドナップ・ブルース**』（日本・バーズ・スタジオ＋ATG 1982）監督＝浅井慎平/出演＝タモリ一義

1983 『**家族ゲーム**』（日本・にっかつ撮影所＋NCP＋ATG 1983）監督＝森田芳光/出演＝松田優作、宮川一朗太、由紀さおり

1984 『**廃市**』（日本・PSC＋新日本制作＋ATG 1983）監督＝大林宣彦/出演＝小林聡美、峰岸徹、根岸季衣
『**蜜月**』（日本・シネマハウト＋ATG 1983）監督＝橋浦方人/出演＝佐藤浩市、中村久美
『**人魚伝説**』（日本・ディレクターズ・カンパニー＋ATG 1984）監督＝池田敏春/出演＝白都真理、江藤潤
『**逆噴射家族**』（日本・ディレクターズ・カンパニー＋国際放映＋ATG 1984）監督＝石井聰亙/出演＝小林克也、倍賞美津子
『**さらば箱舟**』（日本・劇団ひまわり＋人力飛行機舎＋ATG 1984）監督＝寺山修司/出演＝山崎努、小川真由美
『**お葬式**』（日本・NCP＋伊丹プロ 1984）監督＝伊丹十三/出演＝山崎努、宮本信子

1985 『**生きてるうちが花なのよ死んだらそれまでよ党宣言**』（日本・キノシタ映画 1985）監督＝森崎東/出演＝倍賞美津子、原田芳雄
『**台風クラブ**』（日本・ディレクターズ・カンパニー 1985）監督＝相米慎二/出演＝三上祐一、工藤夕貴

1986 『**君は裸足の神を見たか**』（日本・日本映画学校＋ATG 1986）監督＝金秀吉/出演＝石橋保、洞口依子
『**野ゆき山ゆき海べゆき**』（日本・日本テレビ＋バップ＋ATG 1986）監督＝大林宣彦/出演＝鷲尾いさ子、林泰文

1988 『**郷愁**』（日本・プロジェクト・エー＋アクターズプロモーション 1987）監督＝中島丈博/出演＝西川弘志、小牧彩里

1989 『**砂の上のロビンソン**』（日本・ビッグバン＋ウルトラ企画＋ジャパンホームビデオ 1989）監督＝すずきじゅんいち/出演＝大地康雄、浅茅陽子

1992 『**濹東綺譚**』（日本・近代映画協会＋東宝 1992）監督＝新藤兼人/出演＝津川雅彦、墨田ユキ

1971 **『修羅』**(日本・松本プロ+ATG 1970) 監督=松本俊夫/出演=中村賀津雄, 三条泰子、唐十郎
『袋小路』(イギリス1966) 監督=ロマン・ポランスキー/出演=ドナルド・プリーゼンス/1966ベルリン映画祭グランプリ
『書を捨てよ町へ出よう』(日本・人力飛行機舎+ATG 1971) 監督=寺山修司/出演=佐々木英明、斎藤正治
『儀式』(日本・創造社+ATG 1971) 監督=大島渚/出演=佐藤慶、小山明子、賀来敦子
『曼陀羅』(日本・実相寺プロ+ATG 1971) 監督=実相寺昭雄/出演=清水紘治、森秋子、田村亮
『あらかじめ失われた恋人たちよ』(日本・ボール・ヴォールト・プロ+ATG 1971) 監督=田原総一朗, 清水邦夫/出演=石橋蓮司、桃井かおり
『告白的女優論』(日本・現代映画社 1971) 監督=吉田喜重/出演=浅丘ルリ子、岡田茉莉子、有馬稲子

1972 **『真夜中のパーティ』**(アメリカ1970) 監督=ウィリアム・フリードキン/出演=レナード・フレイ
『天使の恍惚』(日本・若松プロ+ATG 1971) 監督=若松孝二/出演=吉沢健
『鉄輪』(日本・近代映画協会 1972) 監督=新藤兼人/出演=乙羽信子
『秘花』(日本・若松プロ 1972) 監督=若松孝二/出演=立原流海
『哥』(日本・実相寺プロ+ATG 1972) 監督=実相寺昭雄/出演=篠田三郎
『夏の妹』(日本・創造社+ATG 1972) 監督=大島渚/出演=栗田ひろみ
『エゴール・ブルイチョフ』(ソヴィエト1971) 監督=セルゲイ・ソロビヨフ/出演=ミハイル・ウリヤーノフ
『ワーニャ伯父さん』(ソヴィエト1971) 監督=アンドレイ・ミハルコフ=コンチャロフスキー/出演=インノケンティ・スモクトゥノフスキー
『午前中の時間割り』(日本・羽仁プロ+ATG 1972) 監督=羽仁進/出演=国木田アコ、シャウ・スーメイ
『音楽』(日本・行動社+ATG 1972) 監督=増村保造/出演=黒沢のり子
『讃歌』(日本・近代映画協会+ATG 1972) 監督=新藤兼人/出演=渡辺督子

1973 **『鉄砲玉の美学』**(日本・白楊社+ATG 1972) 監督=中島貞夫/出演=渡瀬恒彦、杉本美樹
『股旅』(日本・崑プロ+ATG 1973) 監督=市川崑/出演=小倉一郎、萩原健一、尾藤イサオ
『戒厳令』(日本・現代映画社+ATG 1973) 監督=吉田喜重/出演=三國連太郎、松村康世
『ボギー!俺も男だ』(アメリカ1972) 監督=ハーバート・ロス/出演=ウディ・アレン
『L・B・ジョーンズの解放』(アメリカ1969) 監督=ウィリアム・ワイラー/出演=リー・J・コップ
『心』(日本・近代映画協会+ATG 1973) 監督=新藤兼人/出演=松橋登
『津軽じょんがら節』(日本・斎藤耕一プロ+ATG 1973) 監督=斎藤耕一/出演=江波杏子、織田あきら

1974 **『ミュリエル』**(フランス+イタリア1963) 監督=アラン・レネ/出演=デルフィーヌ・セーリグ
『卑弥呼』(日本・表現社+ATG 1974) 監督=篠田正浩/出演=岩下志麻
『ねむの木の詩』(日本・宮城まり子 1973) 監督=宮城まり子/出演=ねむの木学園の子どもたち
『ブルジョワジーの秘かな愉しみ』(フランス1972) 監督=ルイス・ブニュエル/出演=フェルナンド・レイ/1973アカデミー外国映画賞
『キャロル』(日本・怪人二十面相プロ+ATG 1974) 監督=龍村仁/出演=キャロル(矢沢永吉・内海利勝・ユウ岡崎・ジョニー大倉)
『竜馬暗殺』(日本・映画同人社+ATG 1974) 監督=黒木和雄/出演=原田芳雄、桃井かおり、松田優作
『あさき夢みし』(日本・中世プロ+ATG 1974) 監督=実相寺昭雄/出演=ジャネット八田、花ノ本寿
『アンドレイ・ルブリョフ』(ソヴィエト1969) 監督=アンドレイ・タルコフスキー/出演=アナトリー・ソロニーツィン
『田園に死す』(日本・人力飛行機舎+ATG 1974) 監督=寺山修司/出演=菅貫太郎、八千草薫、原田芳雄

1975 **『吶喊』**(日本・喜八プロ+ATG 1974) 監督=岡本喜八/出演=岡田裕介
『ある映画監督の生涯 溝口健二の記録』(日本・近代映画協会 1975 ドキュメンタリー) 監督=新藤兼人/取材協力者=田中絹代、京マチ子
『鴎よ、きらめく海を見たか めぐり逢い』(日本・綜映社+ATG 1975) 監督=吉田憲二/出演=高橋洋子、田中健
『鬼の詩』(日本・鐵プロ+ATG 1975) 監督=村野鐵太郎/出演=桂福団治
『本陣殺人事件』(日本・たかばやしよういちプロ+映像京都+ATG 1975) 監督=高林陽一/出演=中尾彬、水原ゆう紀
『祭りの準備』(日本・綜映社+映画同人社+ATG 1975) 監督=黒木和雄/出演=江藤潤、竹下景子

1976 **『変奏曲』**(日本・中平プロ+ATG 1975) 監督=中平康/出演=麻生れい子
『任侠外伝 玄海灘』(日本・唐プロ+ATG 1976) 監督=唐十郎/出演=安藤昇、李礼仙、根津甚八
『金閣寺』(日本・たかばやしよういちプロ+映像京都+ATG 1976) 監督=高林陽一/出演=篠田三郎、島村佳江
『青春の殺人者』(日本・今村プロ+綜映社+ATG 1976) 監督=長谷川和彦/出演=水谷豊、原田美枝子

1977 **『日本人のへそ』**(日本・須川栄三プロ+ATG 1976) 監督=須川栄三/出演=緑魔子、美輪明宏
『不連続殺人事件』(日本・タツミキカク+ATG 1977) 監督=曽根中生/出演=田村高廣・内田裕也
『聖母観音大菩薩』(日本・若松プロ+ATG 1977) 監督=若松孝二/出演=松田英子・石橋蓮司
『黒木太郎の愛と冒険』(日本・馬道プロ+ATG 1977) 監督=森崎東/出演=田中邦衛、倍賞美津子
『西陣心中』(日本・たかばやしよういちプロ+ATG 1977) 監督=高林陽一/出演=島村佳江・光田昌弘

座談会

ドキュメンタリー映画の流れと多様化する現在

ドキュメンタリー映画を考える!

池谷薫 ＋ 大澤一生 ＋ 熊谷博子 ＋ 中村高寛
［映画監督］ ［映画プロデューサー］ ［映像ジャーナリスト］ ［映画監督］

司会=本誌編集部

取材＝岸本麻衣　撮影＝海保竜平

ドキュメンタリーという言葉が使われる以前、1949年に始まる「岩波映画」という記録映画としての源流があった。羽仁進をはじめ黒木和雄、土本典昭、羽田澄子、東陽一など、後に劇映画も撮る監督や、大津幸四郎、鈴木達夫、田村正毅などのカメラマン、ジャーナリストの田原総一朗などが岩波映画を経ている。別路線では亀井文夫、小川紳介、松本俊夫などが独自の活動をし、今村昌平、大島渚、新藤兼人など劇映画作家も優れたドキュメンタリー映画を発表している。劇映画より製作し易いプロセスと、誰もがいつでも自由に撮れるという映画多作の現在、映画のひとつの表現としてのドキュメンタリー映画の有り様は考えねばならない問題としてある。ここでの多様化という表現には、作品のクオリティも問われ、創作する人間の思想が根底になければならないことを含んでいる。今回の企画は、先人たちが辿ったいくつかの道筋を踏まえ、ドキュメンタリー映画とはどのようなものかを考えることにある。

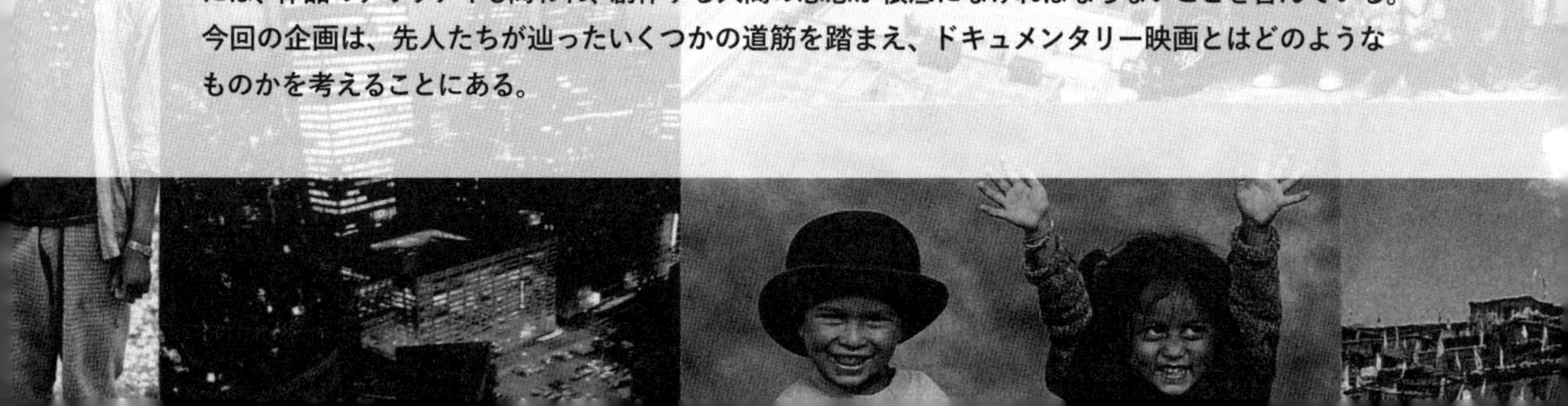

ドキュメンタリー映画の流れのなかで

本誌　今日は、現在ドキュメンタリー映画の分野で活躍されている監督、プロデューサーにお集まり願って、それぞれのキャリアから、体験や思考を通して独自の意見交換をしていただきたいと思っています。なかでも熊谷さんは、土本監督とも共同作業しておられますが、どのようないきさつでドキュメンタリー映画の仕事に入られたのですか?

熊谷　私はもともとジャーナリストになりたくて、新聞記者志望でした。だけど卒業する年に新聞社もテレビ局も、ジャーナリズムの現場に女性の就職先はほとんどなかったんです。その前年、海外で一人で写真を撮っていた時にたまたま出会ったテレビ局の人から紹介され、日本映像記録センターの研修生の試験を受けました。その会社を設立したのが、日本のドキュメンタリー番組の草分けプロデューサーである牛山純一さん。大島渚さんは以前から牛山さんと組んでおり、牛山さんと土本典昭さんは学生時代からの友人です。ラッキーなことに、最初の現場の仕事が大島渚さんの助手で、そして最初の調査の仕事が土本さんの助手でした。

本誌　池谷さんは長年テレビ界でやっていらして映画も撮られるようになった。いつ頃から映画作品を作りたいという考えがあったのですか?

池谷　僕が最初に入ったプロダクションは東京ビデオセンターでした。社長は当時ATGの佐々木史朗さんで、彼がいるから入社しました。タブーに挑むということを、自分に課してきたつもりがあるのですが、テレビでは企画が通らないことがあるわけですよ。例えば、僕はチベットの焼身抗議をテーマにした『ルンタ』(15)を作りましたが、これはテレビの時代にもずっとやりたかったことです。TBSの報道特集では同じテーマを一度取り上げたことがありましたが、それはその年に天安門事件が起こったからで、そういうことでもなければ企画は通らない。ならば発表の舞台を映画に移そうということですよね。

本誌　大澤さんは作品の殆どをプロデュースされている。ずっと製作者の立場をとられているのはどんな理由なのでしょう?

大澤　もともとは薬科大学を卒業後にドラッグストアで働いていて、映画を作るという発想はなかったのですが、観ることは好きでミニシアターに通っていました。そこで『ゆきゆきて、神軍』(87)を観て、衝撃を受けたんです。すごく面白くて内容的にもショックだったし、これを撮っている人も頭がおかしいなと思った(笑)。犯罪者の映画を撮って、犯罪を助長しているじゃないかと。それで監督の原一男さんという人を知りまし

た。その時、これなら自分でも撮れるなと思ってしまったんです。いま思えば浅はかですけど、カメラをぶん回して気の狂った人を撮れば映画になると勘違いしてしまったんですね。日本映画学校であの原一男がドキュメンタリー映画を教えている。ここしかないと、日本映画学校に入りました。クラスメイトの中で僕は年上のほうだったので、自然とプロデューサー的な役割を担うことが多かったんです。卒業制作の『アヒルの子』（05）もプロデューサーという形で関わって劇場公開して、そのままプロデューサーというポジションになんとなく納まりました。

本誌　中村さんは寡作な作家といわれている（笑）。どんなキャリアなんですか？

中村　22歳のときに、松竹の大船撮影所で助監督として働き始めました。でも、毎日ルーティンワークを続けていると先が見えてくるんですよ。10年頑張っても、オリジナルビデオや2時間ドラマの監督をするのが関の山だろうと……。この状況を打開するためには、自主制作の映画を撮ろうと考えたんです。撮影所の仕事では、大人数でドラマを作っていたので、さすがに私個人では無理だろうと思い、大澤さんと同じで、「ドキュメンタリー映画なら少人数で作れるのではないか」という無知ゆえの浅はかな考えで撮り始めたのが『ヨコハマメリー』（06）でした。全く何もわからない中で撮り始めたのですが、当初は1ヶ月くらいで撮り終える予定が、終わる気配がまったくない。結局、撮影だけで5年ほどかかりました。

対象者を抱きしめている感覚
対象者をどう背負うか

本誌　作品を作っていく過程というか、プロセスはどんなものなのかお聞かせください。

熊谷　ドキュメンタリー映画を作るにあたって、自分の中の三原則があります。一つ目は（撮る相手に対して）ラブレターを書くこと。相手を撮りたいわけだからね。次に、相手を裸にするのだから、自分も裸にならないといけない。三つ目が、画面に出てくることの200倍の知識を持つことです。知識がないと引っかかってこないことや、見逃してしまうことがたくさんあるんです。土本さんの言葉ですが、「誰かを好きになったら触りたくなるでしょう、抱きしめたくなるでしょう。撮るとは、カメラで相手を抱きしめる行為なんだ」。自分で撮っていても、スタッフが撮っていても、対象者を抱きしめている感覚はすごくあります。嫌いな人を撮ることって滅多にない。いまちょうど炭鉱、原爆、原発、ハンセン病など重いテーマを同時進行している状態なのですが、すごく幸せだと感じるのは、先々で魂を揺さぶられるような人たちと出会うんです。作る側と撮られる側ではありますが、彼らと一緒にひとつの作品を育てていけたら嬉しいですね。

中村　『ヨコハマメリー』を撮った後は、数年の間、テレビドキュメンタリーを作っていました。自分で対象者を見つけて撮影し、映画と同じように対象者に対して想いを持っているはずなのに、1年で3本も作っていると疲弊してきて、作品や対象者への思い入れが薄くなっていることに気が付いたんです。『ヨコハマメリー』の対象者の方々とは、いまだにずっと関係が続いているんです。高齢の方が多くて、そのうちの一人が去年亡くなったので骨を拾うところまで付き合いました。だけど、テレビで撮った対象者の方々と、そこまでの関係が築けるのかという疑問が出てきて、いまテレビドキュメンタリーとは意識的に距離を置いています。

池谷　僕の場合は、撮りたいと思える人が出てこないと映画は撮れません。だから、どこか呼ばれているように、運命のように、そういう人に出会うわけです。映画を撮るというのは、対象者と共犯関係を結ぶようなやばさがある。ドキュメンタリー映画って、撮らせてもらっている間は、撮れない。被写体の側に一緒に作っているという感覚がないと撮れないんです。最初にカメラを向けた時と、1年後、2年後にカメラを向けた時の顔が違う。その変化をドキュメンタリー映画は押さえていくんです。そのために、いかに共犯関係を結ぶような関係になれるかですね。

大澤　ドキュメンタリー映画って、対象者をどう背負うかということだと思うんです。僕は監督ではありませんが、同じように対象者と関わって配給もします。実は制作の過程よりも、公開する過程の方が、その人の人生とどう向き合うかをすごく考えます。『アヒルの子』は、監督の女性が自分の家族を糾弾する内容なので、ある種、家族のタブーを踏みにじっている。公開にあたっては、当然、家族の猛反対があって、説得して納得してもらうまで結果的に5年待ちました。そういう背負い方を最初の作品で経験したこともあって、作って完成させて公開する、そのあとまで作品が残っていくということ含めて、人の人生を背負わなきゃいけないということは常に考えています。

池谷　相当、踏み込んでいきますから、せめてもの償いみたいな気持ちがありますね。僕も自分の作品は自分で配給しますが、その理由は、ヘタな宣伝できないからです。その人や家族を傷つけるようなことをして、あとは売れればいいという話ではないんですよね。

テレビでは「分かりません」が許されない

本誌　テレビドキュメンタリーの仕事のなかで、クリエイティブに関わる様々な問題や葛藤などが色々あるのではないかと思うのですが。

熊谷　私は、自宅が小川紳介さんの小川プロの近くだったので、小川さんとはよく偶然に会いました。まだ駆け出しの頃、中性子爆弾の番組を作っていた時に、いま何をやっているのか説明したら、「分からないなら分かりませんって言えよ。理解できない危うさなんだから。それが正しい」と言われたの。でもテレビって、「分かりません」は絶対に許されないんです。「調べたけれど、分かりません」が、映画は許されるじゃないですか。その差は大きいと思います。

池谷　別の言い方をすると、テレビに決定的に欠けているのは作家性ですね。放送局のブランドで出して、局で責任を負っていくから作家性を認めないんです。ところが当然、一人ひとりのディレクターは自分の主観で撮っていくでしょう。だから窮屈に感じるようになっていくんですね。作家性は、テレビと映画の違いの大きなキーワードだと思う。

熊谷　テレビでも、ある種の政治力を駆使できるプロデューサーの下であれば、できる企画はあります。でもそうではないことのほうが多い。

本誌　池谷さんはテレビドキュメンタリーを撮っていた期間も長いですが、テレビを撮っていた間と、初の劇場公開作『延安の娘』（02）以降で変わったことはありますか？

池谷　僕は個を徹底的に見つめて作品全体を作っていくんだけど、それには大きな契機がありました。以前、ＮＨＫスペシャルで中国の一人っ子政策を撮った時、ルポルタージュの手法を取っていたんですね。要するに不特定多数の取材を重ねて、それを編集構築する作り方です。その取材中に農村で、強制中絶というすさまじい現場に遭遇しました。一瞬カメラを止めようかと思ったけど、俺が止めたところでそんな行為が無くなるわけではないし、ただ撮るしかなかった。放送したら視聴率もよかったんです。だけど、視聴者からもらった手紙には「私は中国に生まれなくて良かったです」と書かれていました。それを読んで、そんな番組を作っちゃったのかと思ってね。そういうことではなくて、一人っ子政策にも関わらず、それでも生みたいという人間の気持ちをどうして僕は撮りに行かなかったんだろうと猛烈に反省したんです。そこからはルポルタージュの手法では被写体に対して責任を負えないという思いがあって、主役を決めて、その人と長く時間を過ごしていく手法でやっていこうと決めました。ひとつのテレビ番組の中での失敗が、いまの僕のドキュメンタリー法を作ったということになります。

これからの時代 ドキュメンタリー映画は何を撮るか？

本誌　ドキュメンタリー映画は時代への向き合い方がより密着しています。時代と自分との接点のようなところをどのように捉えていますか？

大澤　ドキュメンタリー映画を撮る人はどちらかというとリベラルで、弱き者の目線に立つ人が多いですよね。だけどいま、トランプが大統領になったり、世界が偏っていく時代において、今までと同じ立場から権力に対して向き合うだけで本当にいいのだろうか。今は転換点だと思います。これはドキュメンタリー映画だけではなく、日本のジャーナリズムの話でもある。現実へのアプローチに、もう少し多様性が生まれていってもいいのではないでしょうか。

池谷　僕らの世代や、少し上の世代も、イデオロギーで映画を作ったことはないですよ。そういう人もいないことはないけど、やっぱりそれは嫌ですね。右か左かと言われたら左だと思うけれど……それは生き方だから。いままでの価値観が壊れていく中で、だからこそ大切なのが人であり個なんだと思う。信念を持って生きること、人が人らしく生きることを、これからもドキュメンタリー映画はもっと作っていいんじゃないか。人間がどのように立ち向かっていくのかということに惹かれて、映画を作るのだと思います。

中村　私は上の世代のドキュメンタリストたちから「大切なのは弱者の目線だ」と言われ、現場で鍛えられてきたので、そこから抜けきれないところはありますね。

熊谷　私はジャーナリストとして作品を作っています。映画監督として作っているわけではないので、この作品を作ったら世の中が変わるか変わらないかということをすごく考えます。作っても世の中が変わらないなら、意味がないと思う。

ドキュメンタリー映画を映画館で上映する

本誌　ところで、ドキュメンタリー映画を劇場公開することについて、いま何を感じていますか？　元来、自主上映というのがドキュメンタリー映画の宿命のようでしたが。

池谷　やっぱり、何が当たるか当たらないかわかりませんね。僕は『蟻の兵隊』（06）がヒットしたものだから、『先祖になる』（13）も当たると思っていました。ところが震災ものには人が来なかった。お客さんの心は読めないものだと痛感しました。ただ、配給まで自分でやったから全国の劇場とコネクションができたのは良かった。

中村　地方（の劇場）だと上映回数が少ないこともあり、作り手にとっては興行しても利益がでないどころか、回収できないことがありますよね。それでも映画館、劇場でやる意味とは何でしょうね？　ドキュメンタリー映画だったら自主上映をベースにした方が、リスクも少ないですよね？

池谷　きちんと映画として認知されるのはやっぱり劇場だと思います。

熊谷　それは私も賛成です。作品として成立させるならイデオロギーだけでなくやっぱり面白くなくてはだめですから。

池谷　視野を広く持たなくてはいけない。それには劇場なんですよね。自主上映は、ある特定の考えの人たちが集まるものですから。それともうひとつ、劇場で公開することによってメディアと向き合うということがあります。例えば『ルンタ』で撮っているチベットの問題は、知名度は低いけれど、劇場公開すれば新聞やテレビが取り上げてくれる。たくさんの人にチベット問題を知ってもらうためには大事なことです。

大澤　最近思うことは、ドキュメンタリー映画を観ない層ってすごく多いんだなということ。映画館で映画を観る人の中にも、ドキュメンタリー映画は観ないとはっきりしている人はとても多い。その中で、『FAKE』（16）は、普段ドキュメンタリー映画を観ない人もよく観た作品だと思います。宣伝が上手だったしうまく煽っていた。だけどドキュメンタリー映画の公開本数は増えているけれど、シネコンで上映されるドキュメンタリー映画はまだまだ少ないですね。

ドキュメンタリー映画と劇映画の関係
映画としての向き合い方

本誌　いまの大澤さんの発言から、ドキュメンタリー映画と劇映画との映画的表現のことをもっと考えてみる必要がありますね。

池谷　『延安の娘』を公開した時、ドキュメンタリー映画の世界での反応はそれほど高くなく、むしろ劇映画のプロデューサーや監督たちが絶賛してくれました。日本のドキュメンタリー界には記録映画の伝統があって、『延安の娘』はまるでドラマのような話なので、ユニークな作品という評価でした。フィクションの世界の人たちのほうが素直に作品を観たという印象です。言葉を選ばずに言うと、ドキュメンタリー映画だってフィクションだし、「作って」いるわけです。

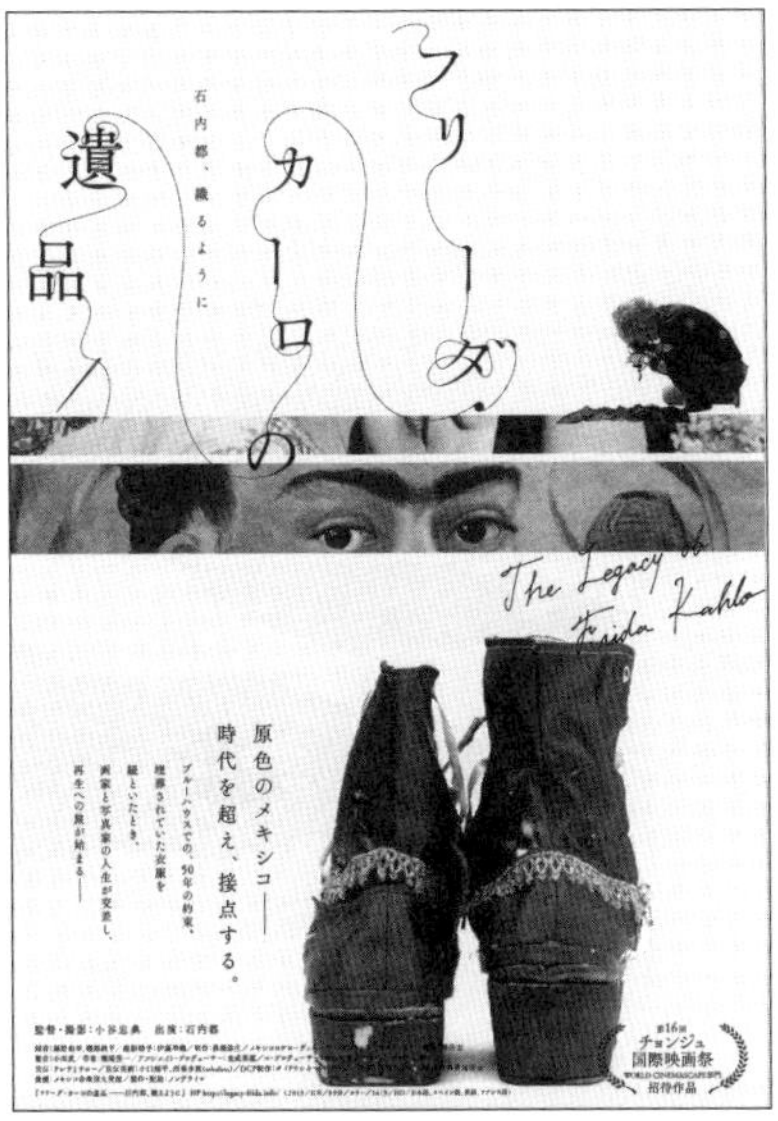

『フリーダ・カーロの遺品―石内都、織るように』ポスター(2015)

『蟻の兵隊』ポスター(2006)

『ヨコハマメリー』ポスター(2006)

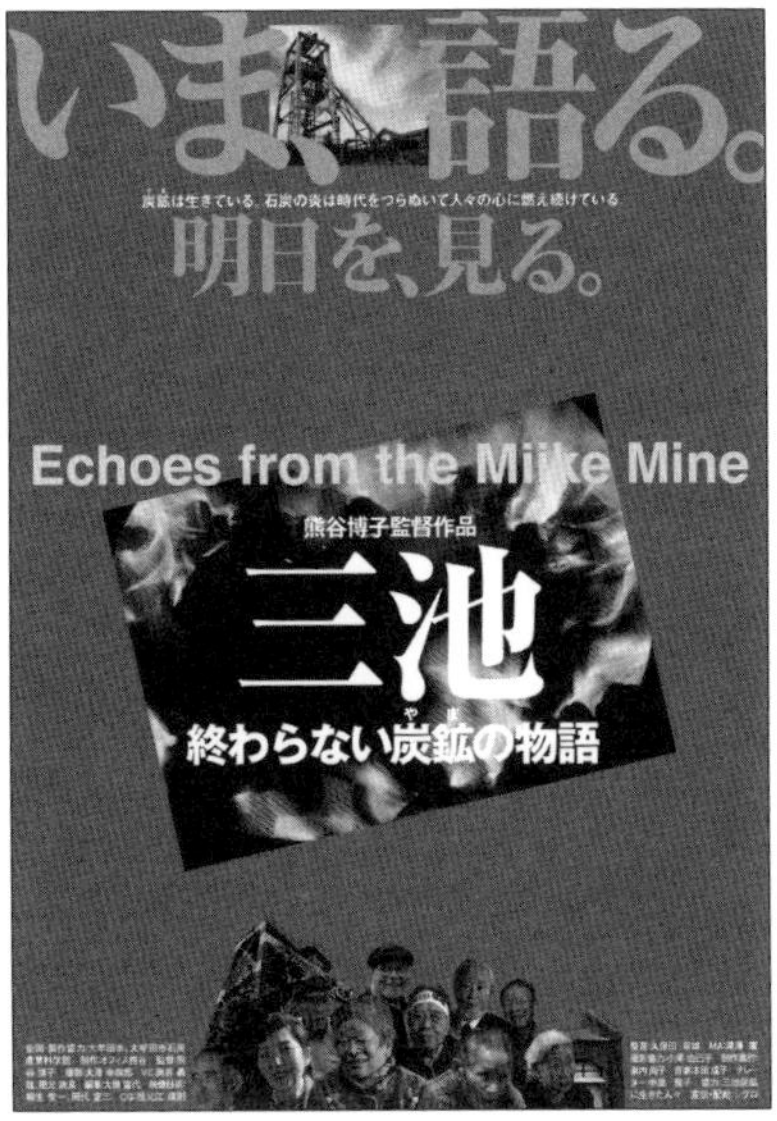

『三池 終わらない炭鉱の物語』ポスター(2005)

そこをしっかり意識する必要がある。対象との距離の取り方についても、人によって、作品によって、全く違う。ドキュメンタリー映画には「この人はこの作り方」ということはないと思っています。

中村　劇映画ならば、小津安二郎のローポジションしかり、作家ならではのスタイルがありますが、ドキュメンタリー監督は、そういう意味での作家性は要らないのかもしれません。ドキュメンタリーは対象者と、どのような関係を築いていくかによって、（作品ごとに）作家のスタイルが生まれていくものではないでしょうか。

大澤　製作側と被写体の関係がこじれたまま世に出てしまったことが伝わってくる作品が、ときどきありますよね。世に出ているのは氷山の一角で、水面下では実はよく起きていることです。ドキュメンタリー映画を作る時の誠実さや態度のようなものって、日本のドキュメンタリー映画史の中で受け継がれてきたものだと思うんです。日本映画学校でも安岡卓治さんや原一男さんからそういったことを学びましたし、過去のドキュメンタリー作品からも、ドキュメンタリー映画を撮ること、他人の人生に関わるとはどういうことかを教わってきました。ところが最近は、そういうドキュメンタリー映画史とは違った流れから生まれる作品が増えてきた。それが現在のドキュメンタリー映画の多様化につながっていると思います。

本誌　それは注目されるところですが、どんなものがあるんですか?

大澤　例えばアダルトビデオからの流れもあります。『劇場版テレクラキャノンボール２０１３』（14）のカンパニー松尾監督は、ＡＶをたくさん作っています。でも、それは日本のドキュメンタリー映画史とはまったく違うところの、アダルトビデオ史を理解していないと分からない流れだったりします。また、『ヤクザと憲法』（16）などの東海テレビのドキュメンタリー映画がヒットしていますが、あれがドキュメンタリー映画史につながる流れなのかと言うと、少し違うと思う。だけど、東海テレビの成功があって、各テレビ局が自局のキラーコンテンツを映画化して、結果として劇場興行が上手くいっている。ここでドキュメンタリー映画史と違う、もうひとつの流れが生まれているわけです。いい意味で多様化しているという希望と、うっすら危機感も感じています。

池谷　それにはハードの進歩も関わっていますね。コンパクトなカメラができて手軽に撮影できるようになり、劇的に作品数が増えました。一方でポスプロでカラコレすればどうにでも仕上がるから、撮影方法がむちゃくちゃな作品もあって、玉石混交ではある。

ドキュメンタリー映画はエンターテイメントであり得るか?

本誌　ドキュメンタリー映画が娯楽性を持ってきたのと、作品としての価値観はどんなふうに考えられますか?

中村　なぜ東海テレビの作品にお客さんが来るのかと言ったら、テレビドキュメンタリーのディレクターは取材力があるから、見応えはある。テレビは徹底的に取材力を鍛えられますからね。一方で、ドキュメンタリー映画だけ作っている人たちの取材力が無くなってきているようにも感じます。とは言っても、私は（東海テレビの作品を）映画館で観る必要があるのかなと思ってしまうんですが……。

大澤　東海テレビ作品に限らず、タイトルと作品イメージが直結している作品が多くなっていますね。創作物を商業ベースに乗せていく上でそれ自体悪いことではないのですが、お客さんは映画を観ることで何かを発見しにいくのではなく、「衝撃作」「感動作」といったイメージを確認しにいく意識の方が増えて、より明確なイメージの作品が受けている傾向になっている。これはドキュメンタリー映画だけでなく、他の表現分野でも見られる状況ですね。

池谷　諸刃の剣ではありますが、いい面もあると思うんですよ。つまり、ドキュメンタリーが面白いから観に行く、娯楽になってきたということです。

大澤　確かに、東海テレビのヒットは、ドキュメンタリー映画がエンターテインメントとして捉えられるようになってきた表れだと思います。以前は、ドキュメンタリー映画を映画館で流すことはもっとハードルが高かった。いまやドキュメンタリーの公開本数はものすごくたくさんあるし、娯楽として認められようになってきたのはいいことですね。

中村　いまの日本ほどいろいろなドキュメンタリー映画が劇場公開される状況は、海外では少ないんじゃないでしょうか。例えば、中国では劇場公開できるドキュメンタリー映画は、ほぼないでしょうし、台湾や香港でも年に数本くらい。それに比べて日本のドキュメンタリー映画の多様性は、玉石混交の側面はあるにせよ、決して悪い流れではないと思います。私は今年公開を予定している新作の製作にあたり、海外の助成金をもらった関係で、（製作途中に）撮影した素材を観てもらい、イギリスなど海外のプロデューサーの意見を聞く機会があったのですが、ドキュメンタリー映画の価値観が日本ほど多様ではないと感じました。「ドキュメンタリー映画とはこうあるべきだ」という、彼らなりのいくつかの方法論があって、あなたの映画はこれに当てはまると決めつけられたり、果てはドキュメンタリー映画なのに「ラストシーンまで書き込んだロングシノプシスがないと、お金は出せない」というプロデューサーもいて、とても困惑しました。

池谷　一方で、海外は映像リテラシーを学校の科目に取り入れている側面もあって、そういう部分は日本が足りていないと思います。ある劇場の人の話では、ドキュメンタリー映画を多く上映するようになったし客入りもいいけれど、「ドキュメンタリー映画の見方が分からない」というお客さんがいるらしい。作品が多様化するなかで、観客はドキュメンタリー映画とはいったい何なのだろうと揺れ動きながら観ているというのが現状なのでしょうね。僕らみたいな作り手がこうやって話をしていることを知ってもらう機会があってもいい。本当ならテレビがやってくれるといいんだけど（笑）。

［2017年2月4日　新宿ダイニンバー・シザムにて］

池谷薫（いけや・かおる）映画監督、ドキュメンタリー作家

同志社大学卒業後、12本のNHKスペシャルを含む数多くのテレビドキュメンタリーを演出する。初の劇場公開作品となった『延安の娘』（02）は文化大革命に翻弄された父娘の再会を描き、カルロヴィ・ヴァリ国際映画祭最優秀ドキュメンタリー映画賞ほか多数受賞。2作目の『蟻の兵隊』（06）は「日本軍山西省残留問題」の真相に迫り、記録的なロングランヒットとなる。3作目の『先祖になる』は東日本大震災で息子を失った木こりの老人が家を再建するまでを追い、ベルリン国際映画祭エキュメニカル賞特別賞、香港国際映画祭グランプリ、文化庁映画賞の大賞を受賞。現在、非暴力の闘いに込められたチベット人の心を描いた最新作の『ルンタ』（15）が公開中。著書に『蟻の兵隊　日本兵2600人山西省残留の真相』（07／新潮社）、『人間を撮るドキュメンタリーがうまれる瞬間（とき）』（08／平凡社・日本エッセイスト・クラブ賞）ほか。

大澤一生（おおさわ・かずお）映画プロデューサー

1975年、東京都出身。薬科大学卒業後、日本映画学校（現・日本映画大学）に入学し、安岡卓治、原一男のもとでドキュメンタリーの制作を学ぶ。卒業後は数々のインディペンデント・ドキュメンタリー映画の製作に主にプロデューサーとして携わり、2008年より「ノンデライコ」名義での活動を開始。近年は製作だけに留まらず、配給～宣伝活動まで担うことも多く、製作から劇場の観客に届けるまで一貫させる動きを展開している。近作では『フリーダ・カーロの遺品―石内都、織るように』『さとにきたらええやん』等。構成、編集協力、配給等での参加作品も多数あり、本年6月には初の海外作品配給として『きらめく拍手の音』が公開予定。

熊谷博子（くまがい・ひろこ）映像ジャーナリスト

1951年、東京生まれ。75年より日本映像記録センターで、TVドキュメンタリーを制作。戦争、原爆、麻薬などの社会問題を追い、85年にフリーの映像ジャーナリストに。各局でこれまでに計50本を越す番組を作る。映画作品に、戦下のアフガニスタンを描いた『よみがえれ　カレーズ』（89／土本典昭と共同監督）、自らの育児体験をもとにした『ふれあうまち』（95）など。モットーは「右手にカメラ、左手にこども」。三池炭鉱の歴史と〝負の遺産〟の意味を問いかけた『三池～終わらない炭鉱（やま）の物語』（05）で、JCJ（日本ジャーナリスト会議）特別賞、日本映画復興奨励賞など。NHK・ETV特集「三池を抱きしめる女たち～戦後最大の炭鉱事故から50年」（13）で、放送文化基金賞「最優秀賞」と「個人・制作賞」を受賞。今は福島の〝原発があるまち〟で長期撮影を続ける一方、筑豊炭鉱に生きた元おんな坑夫と世界記憶遺産となった炭坑記録画をテーマに、新作を完成中。

中村高寛（なかむら・たかゆき）映画監督

1975年、横浜生まれ。97年より演出助手として、松竹大船撮影所よりキャリアをスタート。前田陽一監督の現場をはじめ、オリジナルビデオなどのドラマ作品に携わる。99年から01年まで北京電影学院に在学し、映画演出、ドキュメンタリー理論を学ぶ。帰国後、日本在住の中国人映画監督である李纓に師事し、氏のドキュメンタリー映画『味』に助監督として参加。06年、横浜の伝説の娼婦を追った『ヨコハマメリー』で監督デビュー。横浜文化賞芸術奨励賞、文化庁記録映画部門優秀賞など11個の賞を受賞した。またテレビ朝日　報道発ドキュメンタリ宣言「OH! パンダフル」（09）、NHKハイビジョン特集「終わりなきファイト〝伝説のボクサー〟カシアス内藤」（10）などテレビドキュメンタリーも多数手がけている。17年には、横浜出身の禅僧の半生を追った11年ぶりの新作が公開予定。

INTERVIEW 山上徹二郎

聞き手＝**小笠原正勝**　取材・文＝**岸本麻衣**　撮影＝**助川祐樹**

ひとつの〈運動〉から始まる

小笠原　今回「ドキュメンタリーを考える」というテーマを組んでいるので、やはり山上さんとシグロの話は外せません。山上さんも様々なところで語られていると思いますが、ここでは自身の思いや考えを中心にお聞きしたいと思っています。まずは青林舎に入られた1981年頃や、1986年にシグロを設立されるまでのことと、映画に興味を持たれたきっかけからおうかがいします。

山上　そもそもあまり映画には興味を持っていなかったんです。僕は出身が熊本で、高校生の頃に水俣病の問題と出会いました。僕よりも一つ上の世代が中心となり「水俣病を考える高校生の会」をつくって、学校の文化祭で水俣病の問題を取り上げるなど、支援活動を始めました。いろいろ他のこともあって、僕自身は高校を卒業するつもりがまったくなかったので、高校3年生の時にはほとんど学校も行かず、2学期の終わりに、″自主卒業″のつもりで東京へ上京して、座り込みの運動に参加します。川本輝夫さんたちのチッソ本社前での座り込みを支援するかたちで、1972年の正月から参加して、以来、1973年3月20日に水俣病の裁判の判決が下りて、そのあとの東京交渉まで入れると1年8カ月間、ずっと東京にいました。その事務局が当時の東プロ（現在の青林舎）にあって、そこで映画と出会いました。

小笠原　青林舎というところは映画を製作されていたんですか？

山上　水俣病の映画を土本典昭監督が撮っていました。熊本にいた頃から水俣病の映画が上映されていたので知ってはいましたが、実際に出会ったのは1972年に上京してからです。そのあと1973年の夏に東京交渉が終わって、患者さんたちと一緒に僕も水俣へ帰って、水俣病センター相思社の建設に関わるんです。もともと絵を描きたいと思っていたので、水俣で仲間たちと共同生活をしながら絵を描いて、現場労働に行く仲間たちのご飯づくりなど身の回りの世話をしていました。当時、僕は19歳で、そのあと20歳の時に東京と水俣で絵の個展を開きました。

小笠原　あまり映画に興味はなかったということは、その頃はずっと絵を描いていこうと思っていたのですか？

山上　人と仕事をしたり、人と繋がっていくことが、自分では苦手だと思っていたんですね。何か表現することをやっていたいという気持ちは当時からあったのでしょう。それで、東京のチッソ本社前で座り込みをしていた頃、座り込みしながら何か勉強しようと思って、神保町にある現代思潮社美学校の油絵科に入学しました。

小笠原　個展をやられたほどだからかなり描いていたわけですね。仕事では青林舎に勤めて映画のことにも関わっていたのですか？

山上　事務局にいただけで勤めていたわけではないので、映画のことには関わっていません。熊本へ帰ってから、九州地区の担当として映画の上映運動に関わっていました。ですが、それも青林舎のためというよりは、水俣病の支援活動の一環で、土本さんの水俣の作品を九州地区の学校を中心に上映して回る活動があったからです。

映画を創るのは怒りと愛情ですね。

山上徹二郎さんという、静かな物腰の人間に秘められた闘志と情熱には、計りしれないものを感じる。それは常に表現することに向けられている。それがたまたま映画であっただけのことで、山上さんはもっと遥かな地平の、何かを思い描いているように思える。数々の傑作や秀作を創ってこられたことの評価の証がパリのシネマテークでの大規模な連続上映だろう。シグロの30年という通過点を見つめ、考える山上さんの人となりに触れるインタビューになった。

小笠原　山上さんにとって水俣に関する運動が、結果としては映画に繋がる一つの糸になったということですね。それが、映画に深く関わっていくことになるのはいつ頃からですか？　シグロ設立のあたりからですか？

山上　シグロの設立も、僕が積極的に会社をやりたかったわけではないんです。青林舎にいたのでは、経済的にこれ以上映画が作れないという事情がありました。僕が青林舎時代にプロデュースしたのは、土本さんの『原発切抜帖』（1982年製作）と『海盗り―下北半島・浜関根―』（1984年製作）の2本です。その後、『人間の街―大阪・被差別部落―』（1986年製作）の制作を始めましたけど、その途中からシグロをつくって独立したので、『人間の街―大阪・被差別部落―』の上映運動はシグロでやりました。シグロとして作った第一作は、沖縄の読谷村を舞台にした西山正啓監督の『ゆんたんざ沖縄』（1987年製作）ですね。

小笠原　シグロの第一作も、昨年、創立30周年を迎えて作られた『沖縄　うりずんの雨』（2015年製作）も、沖縄の作品ですね。ところで山上さんは劇作品も作られていますが、ドキュメンタリー映画を作り続けているのは、ご自分の中で出発点との繋がりがあるからですか？　あるいは意図的にドキュメンタリーの手法を取っていこうという考えがあるということですか？

山上　水俣へ戻って以降、東京へ再び出てきたきっかけが、吉田喜重監督の劇映画『侍・イン・メキシコ』（未公開）の制作に誘われたことでしたから、特にドキュメンタリーと決めていたわけではないです。ただ、劇映画はやはり規模が大きいし、知らなければいけないこともとてもたくさんある。ドキュメンタリー映画は取り掛かりやすさがあっただけで、ドキュメンタリー映画でなければならないと思っていたわけでもないのです。土本さんの水俣の映画に非常に感動したからというわけではなくて、それよりもやっぱり、高木隆太郎さんというプロデューサーが面白かった。片方で土本さんのドキュメンタリー映画『水俣―患者さんとその世界―』（1971年製作）をやりながら、もう片方で東陽一監督の『やさしいにっぽん人』（1970年製作）という劇映画を作って、熊本ではその二つを併映しました。僕は、水俣の映画と一見全く関係のなさそうな東さんの劇映画を一緒に上映するということに、非常に感動しました。土本さんの水俣の映画だけだったら、おそらくそれほど映画に心を動かされなかった気がします。

劇作品とドキュメンタリー作品の方法

小笠原　発想の時点では劇作品もドキュメンタリー作品も同じで、見えるものを映しながら見えないものを表現しようとすることも同じですね。実際にはドキュメンタリー作品の方が多い理由は何なのでしょうか？

山上　あまり意識してはいないです。ドキュメンタリー作品で本当に感動して、これはすごいなと思う作品があまり無いんですよね。自分が作ったものも含めて、ドキュメンタリー映画は全然やり切れていないような気がする。土本さんの水俣の映画は大変な傑作だし、作品としての完成度も高いと思うけど、当時の僕にとっては水俣病とは何かという情報を得ることが優先だった。その時、併映されていた『やさしいにっぽん人』から受け取ったものは、まったく違うものだったんです。その違いが何か、うまく答えられないけども、表現というものの面白さを掴み取っていったのは、むしろ劇映画からだったのかもしれません。

小笠原　シグロ製作の劇作品はとても個性があってユニークです。テーマの選び方はそれぞれ別ですけど、他にない個性がシグロの作品にはある気がします。映画を創ることにおいて、企画やプロデュースが面白いというようなことはあるんですか？

山上　よく分からないな。でも、一本の映画の中身を演出してどう作っていくかということの興味よりも、映画を作っていく集団や関わっている人たちをプロデュースすることの方が、自分には向いていると思ったのかもしれません。いろいろな映画をいろいろな監督と作ってきましたけど、僕の中ではシグロとしての一貫性はあるつもりで、その一貫性が僕なのだと思っています。ですから、監督をやりたいと思わないのは、ある意味で映画の製作そのものを自分が演出しているという思いがあるからのような気がします。映画作りにおいて圧倒的に大きいのは、お金の問題です。逆にお金の問題が無かったら、30年は続かなかったと思います。何かやらなければお金は入ってこない。経済的に困窮しながら何とか映画の製作費を捻出して、借金も未払いもある中で、常に背中を押されるようにして作るわけです。自分がやりたいことを積極的に創造してきたというよりは、怨嗟の声、評価の声、応援の声すべてを背負って、背中を押されながら前に歩いてきた気持ちが強いです。

『チョムスキー9.11』（2002）

『沖縄 うりずんの雨』パンフレット（2015小笠原正勝）

『JAKUPA-芸術家の誕生』（1993）

シグロが取り組んできた仕事

小笠原　シグロのフィルモグラフィや歴史的な流れを見ると、土本監督の比重が大きいような気がしますが、山上さんの中で土本さんという作家はどんな存在ですか？

山上　自分ではあまり意識したことはないですが、たぶん大きいでしょうね。映画という意味で、土本さんから学んだことは多いけど、同じ時代を生きているという共有感は、むしろ東さんや佐藤真監督に感じていた気がします。特に佐藤さんは同世代として、彼の映画に対する考え方や分析に非常に心動かされるものがありました。ジャン・ユンカーマン監督は繊細でかつジャーナルな目を持っているので、テーマにもよりますが一緒に仕事がしやすい監督です。実は最初にジャンさんと組んだのは、劇のようなドキュメンタリー映画の『老人と海』（１９９０年製作）だったので、それをジャンさんと組めたことはやはり大きな財産でした。今回の『沖縄 うりずんの雨』も、もう一度沖縄と向き合うために誰と一緒に仕事をするか考えた時、やはりジャンさんしかいなかったんですよね。ジャンさんにもきちんと沖縄を描きたい気持ちがあって、どちらからともなく非常にいい形で作品への想いが一致したと思います。

小笠原　今回、パリのシネマテークでシグロの

24作品が上映されましたが、これだけの数がまとめて上映されたということはおそらくパリの人も、シグロの作品に一貫性を感じたのだと思います。30年経ってみて一区切りつけるという考えもありますか？

山上　映画以上に何か自分にできることがあるとは思えないですね。なので映画を作り続けていくために、経済的にマイナスな部分を一度ゼロに戻そうと考えています。それには上手くいったとしても4年はかかるでしょう。ただ自分でもよく分からないのは、すべて終えた時に自分のモチベーションがどうなっているのか。今まで背中を押されながら自分のやりたいことをやってきて、4年後に67歳になった時、それからさらに映画を作り続けていく情熱が残っているかどうか分かりません。その時、自分で作れる映画がなくなっちゃったらどうしようと思う。

小笠原　それはその時になれば、また出てくるのかもしれません。山上さんがこれからの4年間の変化をどのように捉えるか楽しみですが、もう一度絵を描こうとは思わないですか？

山上　絵を描くことはもう考えていません。これから先も中心にあるのは映画だし、映画のことだけをやっているいまも幸せです。映画の持つ不可解さと面白さが興味のあるところで、演劇にしろ、文学にしろ、音楽にしろ、何千年という歴史がある中で、映画そのものはまだ120年程の歴史しかない。この先映画が、どのように形を変えていくのか想像もつきません。それは、3Dや8Kなどテクノロジーの問題のみならず、いま僕たちが映画だと思っている音と映像で構成されたものが、根本的に変わっていく可能性もあるわけです。そういうところに、自分が関われていることの面白さがあります。それともう一つは、映画が自分が今生きている社会と関わる手段としてあることです。社会に対して嫌だと思うたくさんのことを一つ一つ、活動家あるいは政治家になって変えていくよりも、もっと根底から変えていきたいと思うわけです。今大事なのは教育の問題だと思っています。教育の中で豊かな人間が形成され、変わっていく。自分が作った映画を届けていくことは、教育と意外に近い場所にあると思います。いろんな階層のまだ見ぬ人たちに僕が作った映画を観てもらうことで、広い意味で社会に関わることができる。映画を通して未来に関わっていけることが、自分の支えになっていることは事実です。

映画への思い

小笠原　それが次のステップへの大きなテーマかもしれませんね。ぼくも子どもの頃から映画を観て育ってきたから、映画館という「暗闇の学校」で覚えたことが多い。映画は子どもに対して大きな役目を担っていますよね。30年シグロを続けてこられた山上さんから見て、今の映画の状況をどのように感じていますか？

山上　あまり危機感やマイナスイメージはないですね。映画そのものがどんどん変わっていくでしょうから我々が何か言えることは少ない。映画館で映画を観るという行為は、映画一本一本の価値や、知への愛としての映画の哲学に留まらず、映画館の中で見知らぬ人たちと一緒にスクリーンに向き合う行為そのものを含めて、映画が生んできた文化なのだと思います。いまは使われなくなった言葉で、アジール（asylum＝歴史的・社会的な概念で聖域または自由領域）という言葉があって、僕は映画館という空間はまさにアジールだと思っています。暗闇の中で映画と向き合っている時間は、誰からも侵害されず自分自身でいられて、声を出して笑うことも、涙を流すこともできる。アジールとは、個として守られていながらも誰かと共にあるという空間であって、人間はアジール無しでは生きていけません。そういった場所を求める気持ちは、僕たちの細胞の中に刻まれていて、いまも受け継がれている。アジールを求める気持ちが残っている限りは、映画館で映画を観る行為と、映画館という空間そのものは、絶対に残り続けていくだろうと思っています。短いスパンで見れば、フィルムが無くなる問題や、ミニシアターがつぶれていく問題など波はあるけども、もう少し引いた眼で見たらそれも進化の一部なのだと思う。映画がもっとよりいい形を目指していっていることは間違いないので、全然悲観はしていないです。

小笠原　いまは特にその変わり目なのかもしれませんね。30年というのは何か一つのサイクルの到達点であり、通過点でもあるわけです。

山上　僕がいまいちばん気になっているのは、著作権の問題です。法律的な問題とは別に、映画の著作権とは何か真剣に考えないと、これから先映画が衰退する可能性があると思っています。僕自身、著作者であり著作権のホルダーですけども、財産権としての著作権を強く主張することは本当に映画や表現にとっていいことなのかどうか悩む。著作権によっていろいろなものが抑制され、新しく生まれようとする表現の自由を疎外している可能性がある。新しく何か表現しようと思う人間にとって、あらゆるものが既に著作権として確立されているために、何をしようにも何かのまねごとになってしまって、著作権侵害に問われかねないわけです。著作権によって金銭的なバックボーンを得て、また新しい次のことへ繋げられるメリットはあるかもしれないけども、その利益で生きていくことが、社会の進歩にとって本当にプラスなのか疑問に思う。現状は著作権がマイナスに働き始めている気がします。日本の法律では、映画の著作権はプロデューサーが持っていることになっていますけど、著作権とはまだ見ぬ将来の映画監督や製作者たちであるかもしれない観客に寄与されるべきではないのかな。本来、著作権とは観客のためのものだという仮説を立てて、著作権の在り方をもう一度考えてみてもいいのではないか。映画をやっている以上は、この問題と向き合わなければいけないだろうと思っています。

小笠原　映画という表現以外でも、何かやってみたいことはありますか？

山上　映画以外には無いです。性懲りもなく、映画を作りたいという気持ちがあります。映画を作る時、先に怒りや愛情があるわけです。何かに対して非常に腹立たしかったり、頭にきたり、許せない思いがあると、そこから映画の企画が生まれたりする。その逆もあって、あることが大好きで、素晴らしくて、愛情を感じる時、それも次の映画の動機になっていくわけです。例えば『映画日本国憲法』（２００５年製作）や『チョムスキー9・11』（２００２年製作）、『沖縄 うりずんの雨』も根底的には怒りです。もう我慢ならないというところから、企画を生み出していく。本を読むことと美術に触れることは、ぼくにとって映画を作っていく上でなくてはならないもので、この二つが無くなったら映画の企画が思い浮かばなくなる気がします。一見関係ないような題材でも僕にとっては大切で、それこそ吉本隆明さんの「最後の親鸞」は何度も読んでいますけど、何回読んでもよく分からない。レヴィ・ストロースや渡辺京二さんの著作も僕の中ではとても大事です。

小笠原　今は一度観ただけですぐに解ってしまうような映画が多い。何度観ても解らないからもう一度観るという映画は少ない。映画としての映画というようなことを考えますね。

山上　本気で映画を作ってみたいと思ったきっかけは、『天井桟敷の人々』（１９４５年製作）でした。あの映画を観て本当に感動した。いろんな人間の在り様が映画で描けるのだということに、ものすごくびっくりしました。後から、あの映画がドイツ軍に侵攻されて自由フランスが無くなっていくという危機感の中で、映画人たちによって作られたという背景を知って、この映画の価値を再認識し、映画に対する思いを深めていったわけです。

小笠原　そう思うと劇作品の根底もやはりドキュメンタリーです。優れたドキュメンタリー作品は劇的でダイナミズムがある。劇作品もドキュメンタリー作品も同じですね。

山上　ドキュメンタリーをやっている人たちは、もっと劇映画を観た方がいいと思います。比較するわけではないですが、劇映画の監督たちはドキュメンタリー映画も結構観ています。ドキュメンタリー映画の世界にいる人たちの方が、劇映画に対して壁を作っているような気がする。それは非常にもったいないと思います。

小笠原　映画の可能性や表現のあり方について、それぞれが考えていかねばならないですね。今日はありがとうございました。

［2017年1月26日 シグロにて］

2001 **『花子』**（シグロ、佐藤真）●東京国際映画祭正式招待●山形国際ドキュメンタリー映画祭正式招待 他
2002 **『チョムスキー9.11』**（シグロ、ジャン・ユンカーマン）●釜山国際映画祭に正式招待
●第31回日本映画ペンクラブ賞・日本映画ノンシアトリカル部門ベストワン●2002年度日本カトリック映画賞、他受賞
2003 劇映画**『わたしのグランパ』**（製作委員会、東陽一）●第27回モントリオール世界映画祭・最優秀アジア映画賞受賞
●報知映画賞新人賞（石原さとみ）●日刊スポーツ映画大賞新人賞（石原さとみ）／助演男優賞（菅原文太）
●第27回日本アカデミー賞新人賞（石原さとみ）、他受賞
2004 劇映画**『風音』**（シグロ、東陽一）●第28回モントリオール世界映画祭・イノベーション賞受賞
●アジアフォーカス・福岡映画祭正式招待●高崎映画祭正式招待、他
『ノーム・チョムスキー イラク後の世界を語る』（シグロ、ジャン・ユンカーマン）
『中東レポート＝アラブの人々から見た自衛隊イラク派兵』（シグロ、佐藤真）
2005 劇映画**『ジーナ・K』**（シグロ、藤江儀全）●アジアフォーカス・福岡映画祭クロージング特別上映
劇映画**『もんしぇん』**（シグロ、山本草介）●天草映画祭・風の賞（グランプリ）受賞
『映画 日本国憲法』（シグロ、ジャン・ユンカーマン）●キネマ旬報ベストテン第1位文化映画賞受賞
●日本映画ペンクラブ文化映画部門第1位など。
2006 **『エドワード・サイード OUT OF PLACE』**（シグロ、佐藤真）●毎日映画コンクール・ドキュメンタリー映画賞
●山形国際ドキュメンタリー映画祭クロージング作品
劇映画**『松ヶ根乱射事件』**（シグロ・ビターズ・エンド・バップ、山下敦弘）●ロッテルダム国際映画祭●トロント映画祭
●プサン国際映画祭、など正式招待 ●報知映画賞・最優秀監督賞受賞
2007 劇映画**『ドルフィンブルー』**（製作委員会、前田哲）
『三池』（シグロ、熊谷博子）●日本ジャーナリスト会議特別賞 ●日本映画復興奨励賞受賞
『ガイサンシー（蓋山西）とその姉妹たち』（シグロ、班忠義）
2008 **『靖国 YASUKUNI』**（龍影、李纓）日本側協力プロデューサーを担当
劇映画**『ぐるりのこと。』**（『ぐるりのこと。』プロデューサーズ、橋口亮輔）●トロント国際映画祭 ●プサン国際映画祭
●ベルリン国際映画祭・パノラマ部門●台北国際映画祭正式招待、他　●第32回山路ふみ子映画賞●第33回報知映画賞・最優秀監督賞
●第32回日本アカデミー賞・主演女優賞（木村多江）●ブルーリボン賞・主演女優賞／新人賞（リリー・フランキー）
●第63回毎日映画コンクール・最優秀脚本賞（橋口亮輔）／最優秀主演女優賞●東スポ映画大賞・主演女優賞
●高崎映画祭・最優秀作品賞、主演女優賞●おおさかシネマフェスティバル・主演女優賞、他受賞
劇映画**『ニセ札』**（製作委員会、木村祐一）●モントリオール世界映画祭・ファースト・フィルム・ワールド・コンペティション部門正式招待
2009 **『沈黙を破る』**（シグロ、土井敏邦）●早稲田大学ジャーナリスト大賞●キネマ旬報文化映画部門第１位
●日本映画ペンクラブ文化映画部門第１位
『花はどこへいった』（シグロ、坂田雅子）●アース・ビジョン第17回地球環境映像祭「環境映像部門」入賞
●第26回国際環境映画祭（フランス）・審査員特別賞●第63回毎日映画コンクール・ドキュメンタリー映画賞、他
『届かぬ声-パレスチナ・占領と生きる人びと』（シグロ、土井敏邦）
視覚障害者及び聴覚障害者用のエロティック・バリアフリー・ムービー**『ナース夏子の熱い夏』『私の調教日記』**（ともにシグロ・レジェンド・ピクチャーズ、東ヨーイチ）
2010 劇映画**『酔いがさめたら、うちに帰ろう。』**（シグロ・バップ・ビターズ・エンド、東陽一）
『老人と海　ディレクターズ・カット版』（シグロ、ジャン・ユンカーマン）
『亡命』（シグロ、翰 光）
2011 **『はだしのゲンが見たヒロシマ』**（シグロ・トモコーポレーション、石田優子）●第17回平和協同ジャーナリスト基金賞審査員特別賞
学校教材用**『はだしのゲンが伝えたいこと』**（シグロ・トモコーポレーション、石田優子）
『沈黙の春を生きて』（シグロ、坂田雅子）●あいち国際女性映画祭2011 観客賞
●アース・ビジョン第20回地球環境映像祭子どもアース・ビジョン賞●ヴァレンシエンヌ映画祭2012批評家賞・観客賞
●日本映画ペンクラブ文化映画部門2011年度ベストワン●文化庁映画賞・文化記録映画部門優秀賞
エロティック・バリアフリー・ムービー**『姉妹狂艶』**（シグロ・レジェンド・ピクチャーズ、東ヨーイチ）
『記録映画作家・土本典昭　1996年7月14日』（シグロ、山上徹二郎）
2012 **『毎日がアルツハイマー』**（NYGALS FILMS、シグロ製作協力・配給、関口祐加）●あいち国際女性映画祭2012正式招待
2013 劇映画**『んで、全部、海さ流した。』**（シグロ、庄司輝秋、VIPO助成作品）
2014 **『毎日がアルツハイマー2 ～関口監督、イギリスへ行く編～』**（NYGALS FILMS・シグロ製作協力・配給、関口祐加）
劇映画**『ミンヨン 倍音の法則』**（シグロ・SASAKI FILMS、佐々木昭一郎）●アジア・フォーカス福岡国際映画祭正式招待
2015 **『わたしの、終わらない旅』**（製作協力・配給シグロ、坂田雅子）
『沖縄 うりずんの雨』（シグロ、ジャン・ユンカーマン）●キネマ旬報文化映画ベストワン●毎日映画コンクール・ドキュメンタリー映画賞受賞
『筑波海軍航空隊』（制作・配給協力シグロ、若月治）
2016 劇映画**『だれかの木琴』**（製作委員会、東陽一）●東京国際映画祭正式招待
2017 劇映画**『蝶のように眠る（仮題）』**（シグロ・キングレコード・ZOA FILMS、チョン・ジェウン）
『海の彼方』（日台合作・シグロ、黄胤毓）●台北国際映画祭●DMZ国際ドキュメンタリー映画祭正式招待
『もうろうをいきる』（シグロ、西原孝至）

NHKのドキュメンタリー番組も多数手がけ、NHK未来潮流『記録することの意味―クロード・ランズマンと土本典昭』（シグロ、若月治）で1996年NHK総局長賞を受賞、NHK・BS1日曜スペシャル『海を渡ったウチナーンチュたちの戦争～報道カメラマン石川文洋が追った沖縄史』（シグロ、若月治）で2000年ギャラクシー賞奨励賞を受賞。

また、『SHOAH』、『送還日記』、『シリアの花嫁』、『ヒロシマナガサキ』、『牛の鈴音』、『ポエトリー アグネスの詩』、『自由と壁とヒップポップ』、『みつばちの大地』など、海外作品の配給も手掛ける。

山上徹二郎と株式会社シグロの活動

●プロフィール

1954　3月3日熊本県生まれ。
1972　熊本県立済々黌高校を卒業。
1973　現代思潮社美学校・油絵科修了。
1974　画廊春秋（東京・銀座）、画廊セーヌ（熊本・水俣市）で個展を開く。
以後、熊本県水俣市に拠点を移し、土本典昭監督の水俣記録映画シリーズの上映運動に参加。
1981　青林舎入社、映画製作をはじめる。
1986　青林舎から独立し有限会社シグロ設立、代表となる。（2000年、株式会社に組織変更）
1993　ドキュメンタリー映画『JAKUPA－芸術家の誕生』を初監督。
劇映画『絵の中のぼくの村』で第46回ベルリン国際映画祭・銀熊賞受賞の他、プロデューサーとして藤本賞特別賞を受賞。
『ボクの、おじさん』『ニセ札』などのシナリオ原案を手掛ける。
2010　ドキュメンタリー映画『記録映画作家・土本典昭　1996年7月14日』を製作・監督。
2011　フランス・パリの映画博物館、シネマテーク・フランセーズで22日間に亘って、日本人プロデューサーとして初となる山上プロデュース作品23本の特集上映が組まれる。
2012　フランスのパリ日本文化会館でも特集上映が組まれる。
2016　シグロが設立30周を迎えるにあたって、「日本映画ペンクラブ賞」を受賞。
現在、日本映画製作者協会理事、NPOメディア・アクセス・サポートセンター（MASC）理事長などを務める。

●シグロ＋山上徹二郎［企画・製作］作品目録 ※劇映画の表記のないものは全て長編記録映画 ※カッコ内は（製作、監督名）

1982　**『原発切抜帖』**（青林舎、土本典昭）
1984　**『海盗り』**（青林舎、土本典昭）●ベルリン国際映画祭正式招待
1985　**『ひろしまを見たひと -原爆の図丸木美術館-』**（青林舎、土本典昭）
1986　**『人間の街』**（青林舎、小池征人）
『ウリナラ ソウル-パリ-東京』（記録社、福田孝）
1987　**『劫火―ヒロシマからの旅』**日本語版制作（シグロ、ジャン・ユンカーマン）●サンフランシスコ国際映画祭グランプリ
●アメリカ教育映画祭グランプリ●アメリカ·アカデミー賞ノミネート作品
『ひろしまのピカ』（シグロ、土本典昭）
『ゆんたんざ沖縄』（シグロ、西山正啓）
『水俣病 =その30年=』（青林舎・シグロ、土本典昭）
1988　**『家族』『商のまち』**（シグロ、小池征人）
1989　**『戦場の女たち』**（TENCHIJIN Productions・シグロ、関口典子）●メルボルン国際映画祭グランプリ
●サンフランシスコ国際映画祭グランプリ 他受賞
『よみがえれカレーズ』（記録社・シグロ、土本典昭・熊谷博子）
『世なおし準公選』（シグロ・記録社、西山正啓）
1990　**『老人と海』**（シグロ、ジャン・ユンカーマン）●文化庁優秀映画作品賞 ●ニューイングランド映画祭グランプリ、他受賞
『しがらきから吹いてくる風』（シグロ、西山正啓）
『狭山事件 石川一雄・獄中27年』（シグロ、小池征人）
1991　**『日本の伝統工芸品産業』**（シグロ、ジャン・ユンカーマン）
1992　劇映画**『橋のない川』**（ガレリア・西友、東陽一）●毎日映画コンクール 優秀賞·監督賞·撮影賞・美術賞●報知映画賞監督賞
●日刊スポーツ映画大賞監督賞●文化庁優秀映画作品賞●山路ふみ子福祉賞、他受賞
『ひらくまち』（シグロ、小池征人）総務庁長官表彰特別賞
『ゴミから暮らしを考える』（学研、若月治）教育映画祭優秀作品賞
1993　**『JAKUPA―芸術家の誕生』**（シグロ、山上徹二郎）
『免田栄・獄中の生』（シグロ、小池征人）●毎日映画コンクール記録文化映画賞●日本映画ペンクラブ・ノンシアトリカル部門第1位
『あらかわ』（シグロ、萩原吉弘）●日本映画ペンクラブ・ノンシアトリカル部門第3位●キネマ旬報ベストテン文化映画第4位
1994　**『木曽路をゆく－奈良井歳時記－』ほかシリーズ5作品**（シグロ、若月治）
1995　**『続·あらかわ－水の共同体をもとめて－』**（シグロ、萩原吉弘）●地球環境映像祭 若者が選ぶ環境映像賞
1996　**『もうひとつの人生』**（シグロ、小池征人）●キネマ旬報ベストテン文化映画第6位
劇映画**『絵の中のぼくの村』**（シグロ、東陽一）●第46回ベルリン国際映画祭銀熊賞●第23回ゲント・フランダース国際映画祭グランプリ
●アミアン国際映画祭グランプリ●山路ふみ子映画賞●日本映画批評家大賞●毎日映画コンクール日本映画優秀賞 他20以上の映画賞を受賞
『水俣病Q&A』（シグロ、佐藤真）
1998　**『栄光のメダル』**（シグロ、若月治）●すかがわ短編映画祭正式招待
『鯨捕りの海』（シグロ、梅川俊明）●日本映画テレビ技術協会・録音賞●芸術文化振興基金助成映画●文化庁優秀映画上映支援作品
『捕鯨に生きる』（シグロ、梅川俊明）●文部省特選●産業映画コンクール・ビデオ奨励賞受賞
『まひるのほし』（シグロ、佐藤真）●アムステルダム国際ドキュメンタリー映画祭正式招待●第3回釜山国際映画祭正式招待 他
2000　**『チョンおばさんのクニ』**（シグロ、班忠義）●台湾国際ドキュメンタリー映画祭正式招待●ライプティヒ国際映画祭正式招待 他
劇映画**『ボクの、おじさん』**（シグロ、東陽一）●第50回ベルリン国際映画祭正式招待●フリブール映画祭正式招待、他
2001　劇映画**『ハッシュ！』**（シグロ、橋口亮輔）●第54回カンヌ国際映画祭「監督週間」正式招待●釜山国際映画祭正式招待
●ブルーリボン主演女優賞（片岡礼子）●キネマ旬報主演女優賞（片岡礼子）●文化庁優秀映画大賞●新藤賞金賞、他受賞

CINEMA & PLAY ART WORKS

李潤希《りゆに》のデザイン対話 × 小笠原正勝

李潤希（以下、ユニ） 私たちの身の周りを見渡すと、ほとんどデザインで囲まれていますよね。もはや生活のすべてがデザイン！みたいな。そのなかでグラフィックデザインは最もイマジネーションのあるものです。とくに映画や演劇はイメージが豊かなものだと思うんです。そこで、50年近く映画や演劇のデザインをやってこられた小笠原さんの仕事から、ポスター以外のビジュアルを取り上げたいと思うのですが、小笠原さんが映画のデザインの世界に入られたのはどんなきっかけですか？

小笠原 ぼくらは映画館を「暗闇の学校」と呼んでいて、高校や大学の頃は教室を抜け出してよく映画館に通ってました。ちゃんと出席をとってから抜け出すから、とても真面目な不良少年だったんです（笑）。映画は教科書で学ぶよりはるかに身にしみ込んでいきます。政治、経済、セックス、戦争、社会のことから人間のことまであらゆることを映画は教えてくれます。それがどんなに面白くて、楽しいことかということも。

ユニ 体験のなかで遊びから勉強するってことですね。自分から何かを探していく。

小笠原 映画の原作を読んだり、観た映画の土地の歴史や風土を知るために本を買って調べたりするんです。映画で世界中旅をするでしょ。実際の旅行に出かけたときには新たな発見ができる。美術や音楽も体現できる。だから本当に映画は雑学の極みですね（笑）。このことがデザインの根っこにあるのだと思います。ユニさんが映画のポスターやチラシなどを見たり触れたりしたのはいつ頃から？

ユニ 父が映画関係の仕事をしているので、小さい

1979〈絞殺〉書籍
1992〈糸地獄〉海外公演パンフレット
1985〈水の駅〉海外公演パンフレット
1980〈ネオ・ファンタジア〉パンフレット
1999〈伝染〉フライヤー
2001〈私の骨〉フライヤー

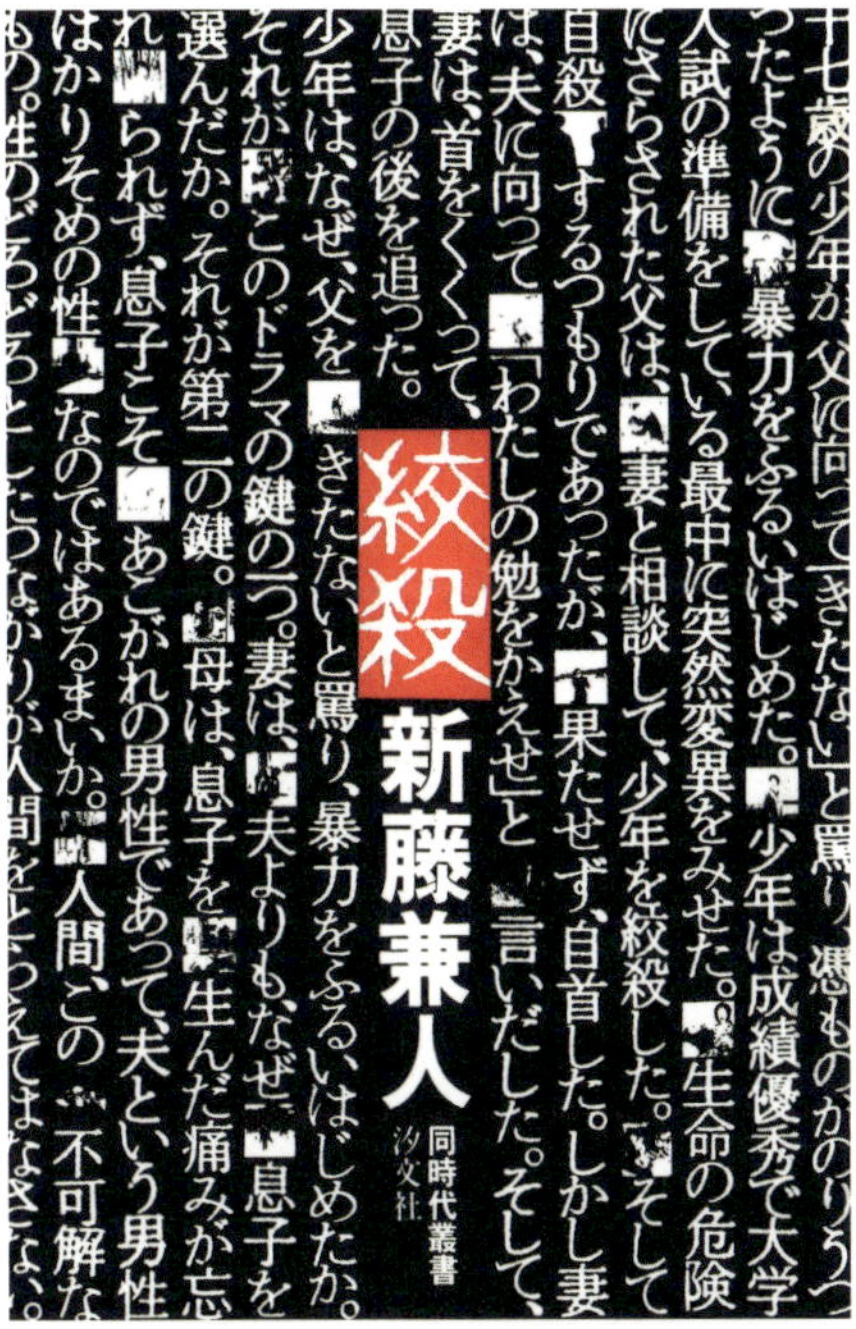

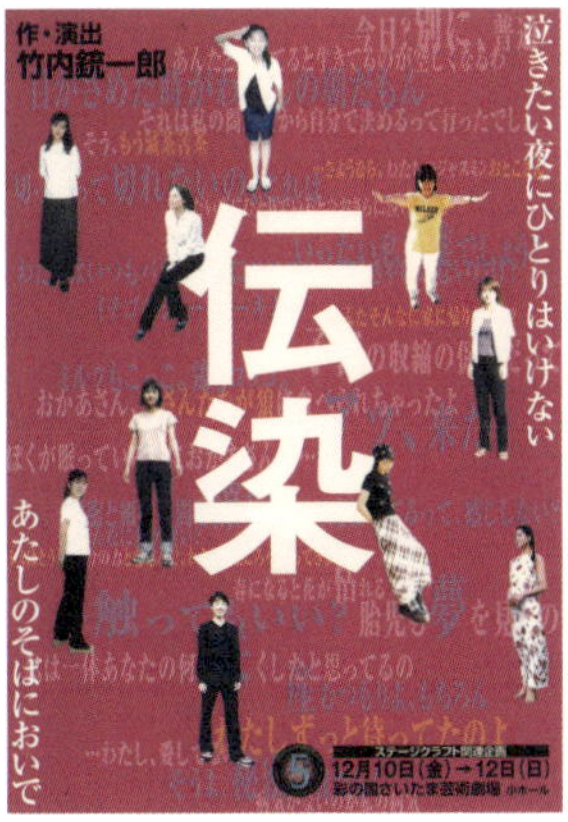

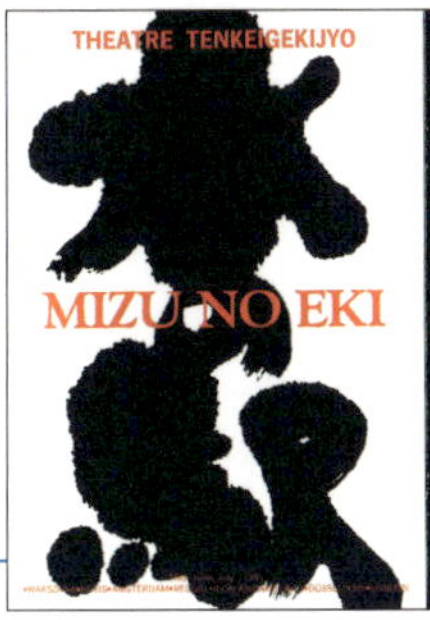

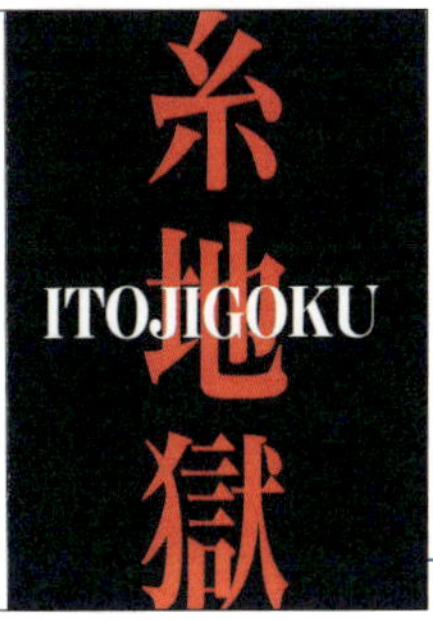

ときから身の周りにいっぱいありました。仕事が終わるまで、よく劇場で待たされていたのですが、退屈すると紙ヒコーキを作ったり、らくがきしたりしていました（笑）。「一枚5円もするのだからやめなさい！」と叱られましたが…。

＊

文字とデザイン Typography

ユニ　小笠原さんの仕事には文字を使ったビジュアルが多いですね。デザインの要素にある色々な図形とは対照的な表現ですよね。

小笠原　小説を読むと分かるように文字によって物語の劇的な情景を想像しますね。自分のなかでひとつの世界が展開していくでしょ。読むデザインがある。むしろ映像の方が説明的になってしまうことがありますね。

ユニ　目に見える世界を映しながら、見えない対象を描いていくのが映画ですから、逆の発想ですね。

小笠原　文字はドラマのイメージを具体的にしてくれます。『絞殺』の文字は脚本の印刷文字そのままなんです。ザラ紙の印刷文字を拡大すると文字が全く別の表情になる。感情のザラつきのような字面になって、人間を殺意に向かわせる精神の怖さのようなものが出てくるんですね。

ユニ　そこに実際の絵があるよりも、ずっと説得力があるような気がしますね。自分でデザインをしていて行き詰まったりしたら、まず言葉を考えていくと展開が広がっていくのかな。それって、小笠原さんのデザインでいうと、やはりタイポグラフィーにもつながってきているように思います。

小笠原　そうですね。タイポグラフィーというのは

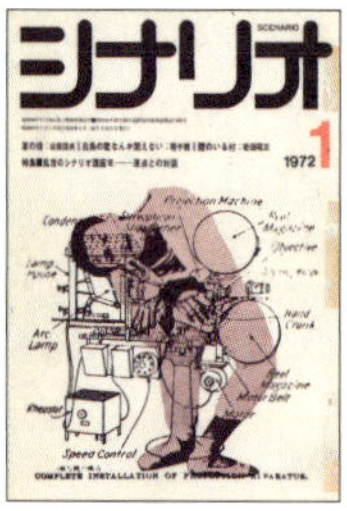

1974〈最後の晩餐〉パンフレット/1980〈オーケストラ・リハーサル〉パンフレット
1970〈月刊シナリオ〉雑誌/1993〈朝焼けのマンハッタン〉パンフレット

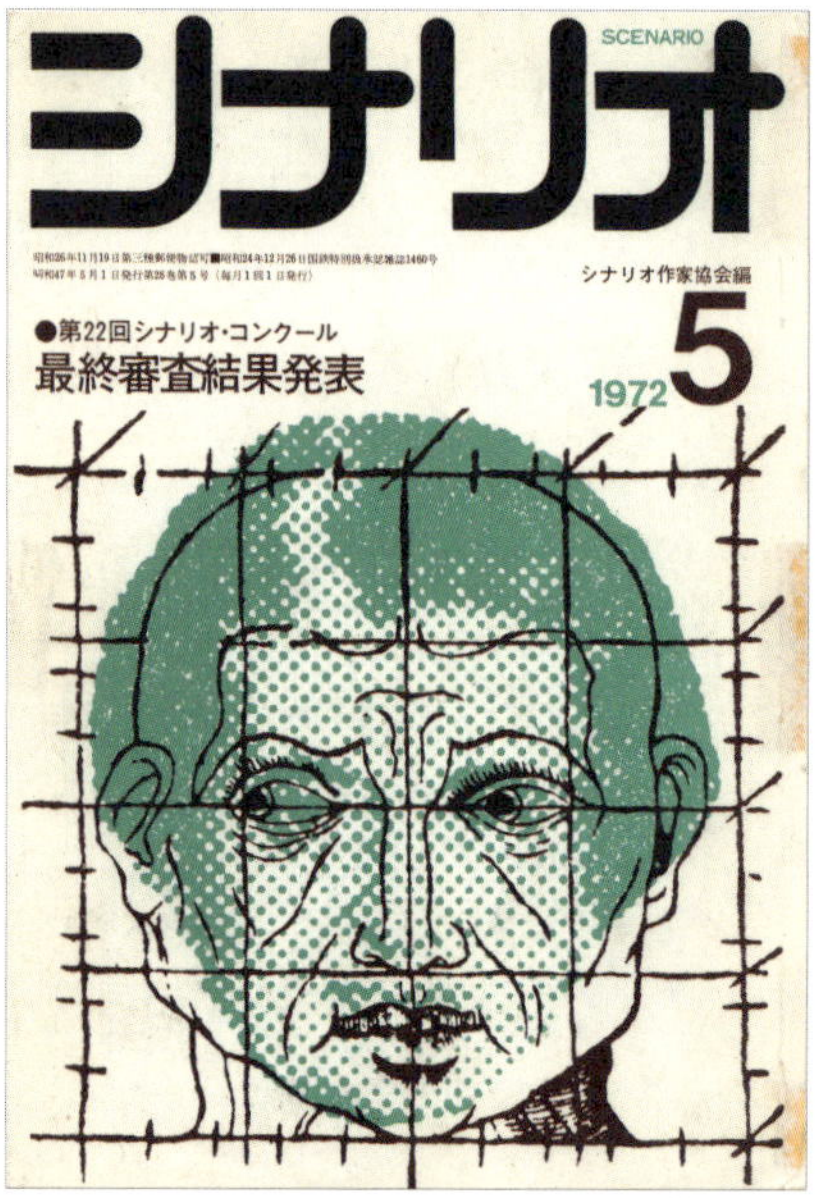

コラージュとモンタージュ

Collage & Montage

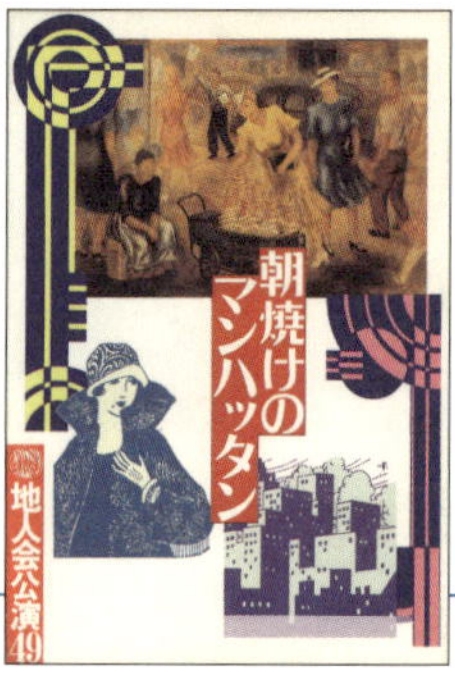

グラフィックデザインの貌ですね。色々な表情を持っている。さまざまに転化したり、変化させたりもできます。映画でいえば、アメリカのソール・バスのタイトルデザインは憧れの的だったし、我らの市川崑監督のタイトルの秀逸さも、ときには本編よりも面白かったことがありましたね（笑）。

＊

ユニ よく子どものころから、雑誌を切り抜いたり、自分で撮った写真を、描いた絵と組み合わせたりして遊んでいましたけど、コラージュはデザインで一番楽しい部分ですね。自分の思いが表しやすいです。

小笠原 コラージュはデザインの無礼講みたいなものですね。コラージュやモンタージュはデザイン以外でも多く用いられる表現です。物事の本質を直接突き出すことができるし、また、さらけ出してしまうこともある。アメリカ西海岸の建物や壁面なんかで荒々しいコラージュを見ると圧倒されるけど、紙の上のデザインとして成り立たせるときには、やはり美術でなければならないから、やはり方法論が必要になると思います。

ユニ 映画に一番近いというか、ダイレクトに表現できる方法に思えます。

小笠原 映画のなかにある猥雑な側面を表すには適しているし、物語の重層する色々な要素をひとつに絞り上げられる。そもそも映画自体がモンタージュで成り立っているわけだから、それをグラフィックに転化するのも自然な成り行きですね。

ユニ 小笠原さんが映画のポスターをデザインされるときに「紙の上で映画を作る」と言われていたこ

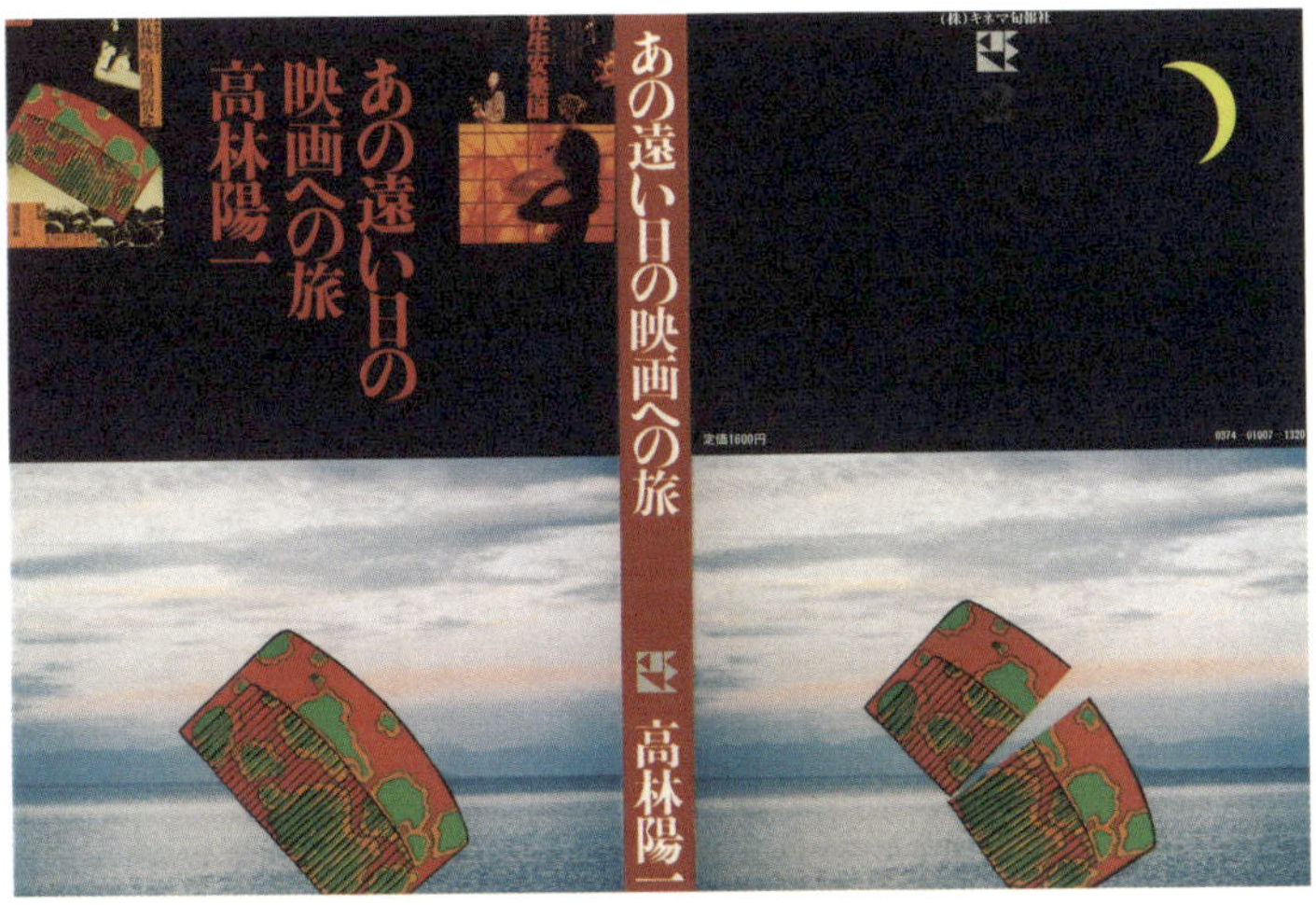

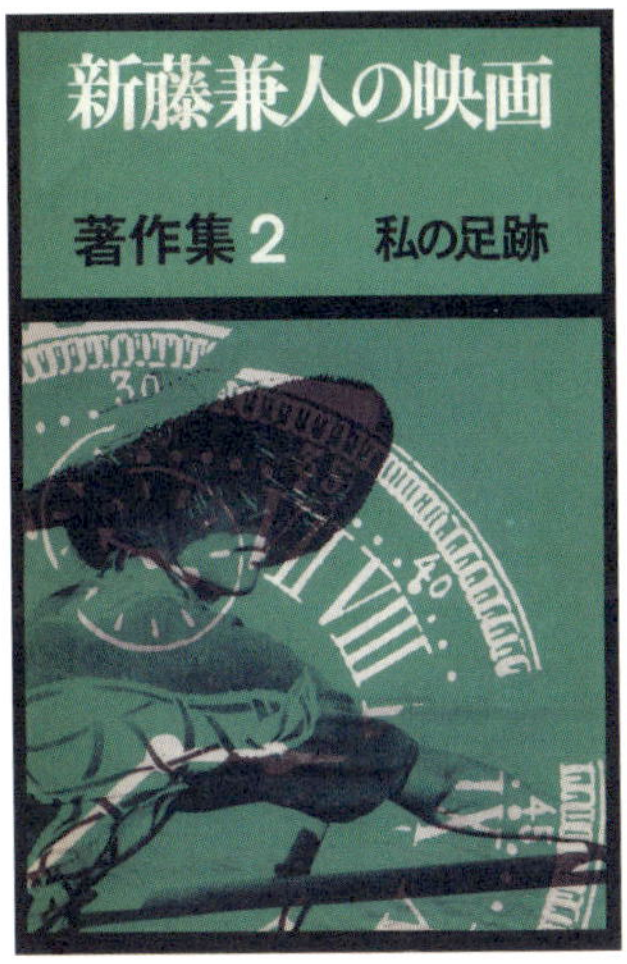

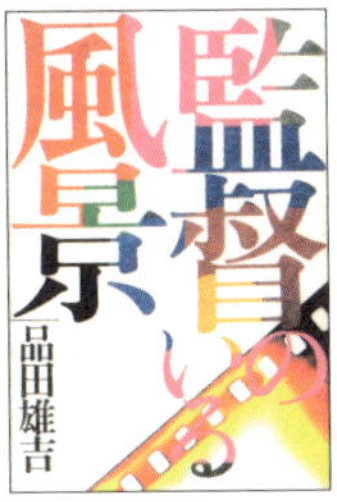

1978〈あの遠い日の映画への旅〉書籍 /1992〈映画美術の情念〉書籍
1984〈映画のどこをどう読むか〉書籍 /1986〈監督のいる風景〉書籍
1985〈黒澤明の全貌〉カタログ /1970〈新藤兼人の映画 著作集〉書籍

装幀とブックデザイン Book Design

と関係あることのように思えます。

小笠原　デザインというのは、企画するとか企てるといったような意味があって、考え方を形にすることですね。だから単なるアイディアではない。建築も空間デザインも印刷のデザインも同じです。しかも造形美や機能美を求められる。

＊

ユニ　ブックデザインは、編集することや空間的な要素がたくさんあるから、特に型や形のことを考えないとならないですよね。わたしはそういったデザインをあまりしてきていないので、この本で色々学びながらデザインを作っていきたいと思っているところです（笑）。

小笠原　たぶん本をデザインすることで平面を空間的に捉えていくとてもよい体験になるのではないかと思うんです。流れを読んで立ち位置を決める、テニスのプレーヤーのような（笑）、運動「脳」力を蓄えていくことになるかも知れない。ぼくらは映画の製作過程でよく編集作業に立ち会うことがあるんですが、とても勉強になる。繋げるシーンと切るシーンを、時間との兼ね合いで判断していくのはスリリングで、これが映画なのだと思わせてくれます。グラフィックのエディトリアルもそういった劇的な流れの判断が必要だし、こだわりたいですね。編集人とは偏執狂の変形かもしれない（笑）。

ユニ　編集というのは文字通り「編む」ことだから、平面だけの目で見ていてはその魅力や味わいは出せないですね。時間とか空間とか立体的に組み合わされていくから他のデザインものにも役にたちそうで

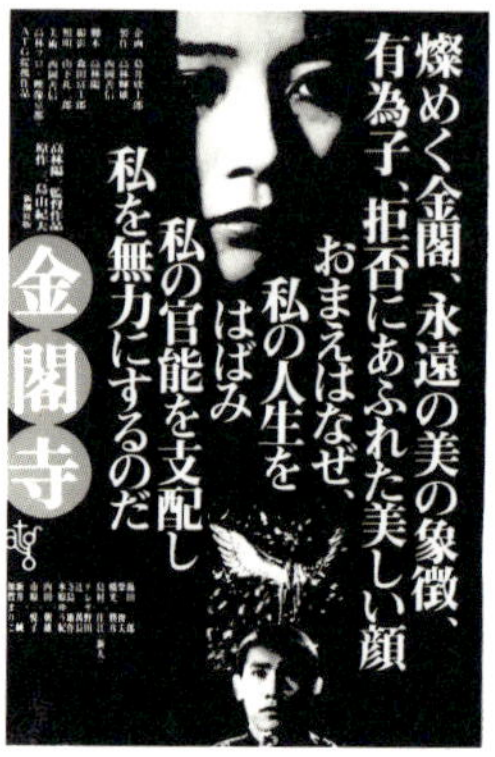

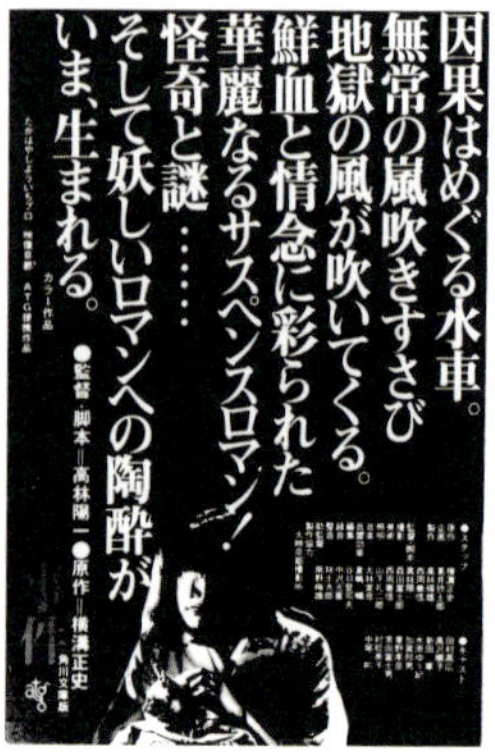

広告とデザイン

Advertising

1975〈本陣殺人事件〉雑誌広告 /1976〈金閣寺〉雑誌広告 /1973〈ビッグ・ガン〉新聞広告
1973〈フリッツ・ザ・キャット〉新聞広告 /1980〈マリア・ブラウンの結婚〉新聞広告
1986〈ストレンジャー・ザン・パラダイス〉新聞広告

す。そういった意味では、映画のパンフレットは、映画を別の形にして残しておくということができますよね。小笠原さんが映画のパンフレットをデザインをする時はどういうふうにされるのですか？

小笠原　映画の構成されているいくつものシチュエーションを一度バラバラにするんです。あらためて自分なりに組み立ててみると別の見方が想定できる。物語とか劇を自分なりに設計してみるんです。ここから入って何処へ行って、そこで何をしてみるとか、色々展開を考える。その組み立てがデザインすることだと思うんです。

ユニ　なるほど。ポスターとは違って、「観た人が買うもの」という前提があるので、他の宣伝物とは違った作る楽しさがありそうですね。むしろ観客は、パンフレットの中で展開される「もうひとつの映画」がみたくて手にするのでしょうから。そういう意味では、パンフレットを買った方たちは、〝小笠原監督〟の作品をみていると言えるのかもしれませんね（笑）。

小笠原　「紙の映画」ということですね。

*

ユニ　ところで、広告は「読み」から入るということを聞くのですが。

小笠原　そうなのです。キャッチフレーズを読ませるという意味ではなく、面白いところとか味わいのあるところ、ここが決定的ポイントだというところなど、その映画の観るべき要素を映画から取り出して、与えられたスペースのなかで語っていくことなんですね。

ユニ　とてもシンプルでシンボリックなものもあれ

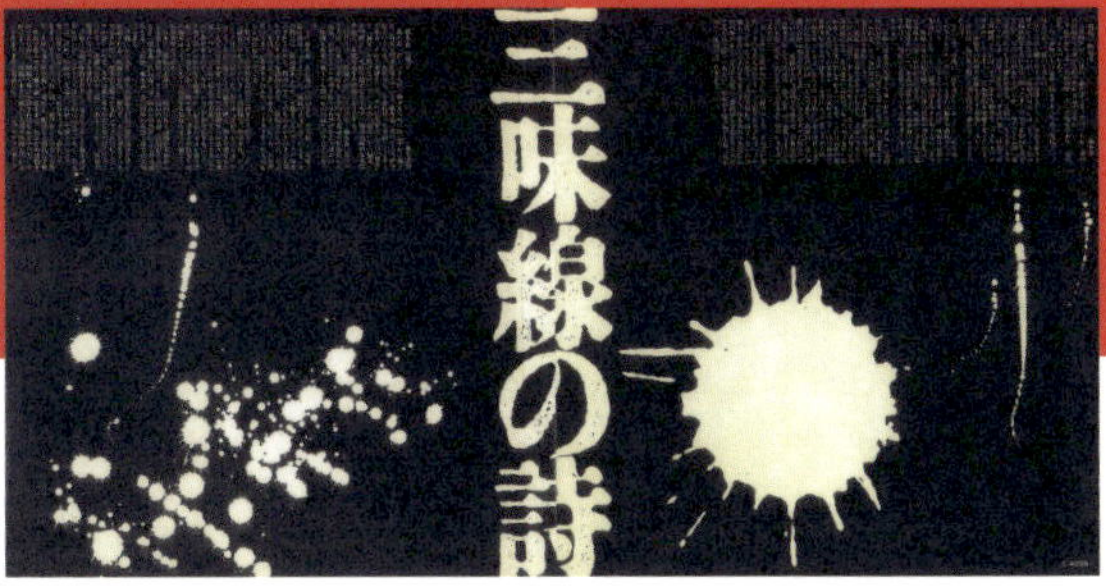

1973〈三味線の詩〉レコードジャケット
1981〈藤真利子アブダガブダラ〉レコードジャケット
1973〈股旅〉レコードジャケット
1973〈東和創立45周年記念〉レコードブック・ジャケット

音楽とデザイン Music

ば、スーパーのチラシにあるような、満員電車みたいに（笑）、ぎっしり詰め込まれたものもありますね。語りかける…。一方通行の情報が広告ではないということですね。それにしても「殺しのデザインは完璧だ！」という宣伝コピーは、読ませるというか、見せますね。ここへ「パッ」と目がいって、瞬時に映画のテイストを感じることができます。

小笠原　コピーというのは訴求力がなければだめです。映画を説明するようなコピーはインパクトがない。『ビッグ・ガン』は清水馨さんという仏文の翻訳者でもある、敏腕宣伝プロデューサーがいてデザインの原稿を持っていったら、その場でコピーを作ったんです。デザインはすこし直すことになったから、デザインは完璧にならなかった（笑）。

ユニ　小笠原さんのデザインラフがあったからこそ、その場でこのコピーができたのだと思いますよ（笑）。

小笠原　それは清水さんの直感、インスピレーションですね。

*

ユニ　私は、実際に仕事としてデザインを始めたきっかけは、CDジャケットのデザインだったのです。さっきお話されていた「見えないものを見える世界にしていく」という映画のデザインに対する言葉がまさにしっくりきます。音楽はそもそも目に見えない空気の振動なので、そこでデザインの世界のヒントになってくるのは歌詞としての「言葉」などがありますね。

小笠原　ミュージシャンのCDや映画のサウンドトラック盤、DVDのジャケットのデザインなどある

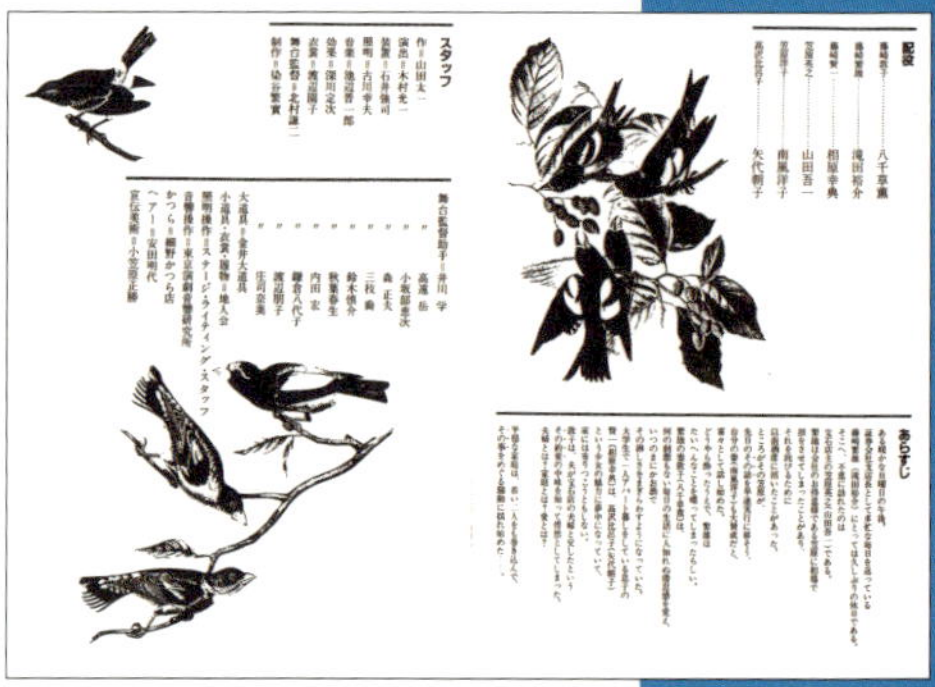

パンフレットとデザイン

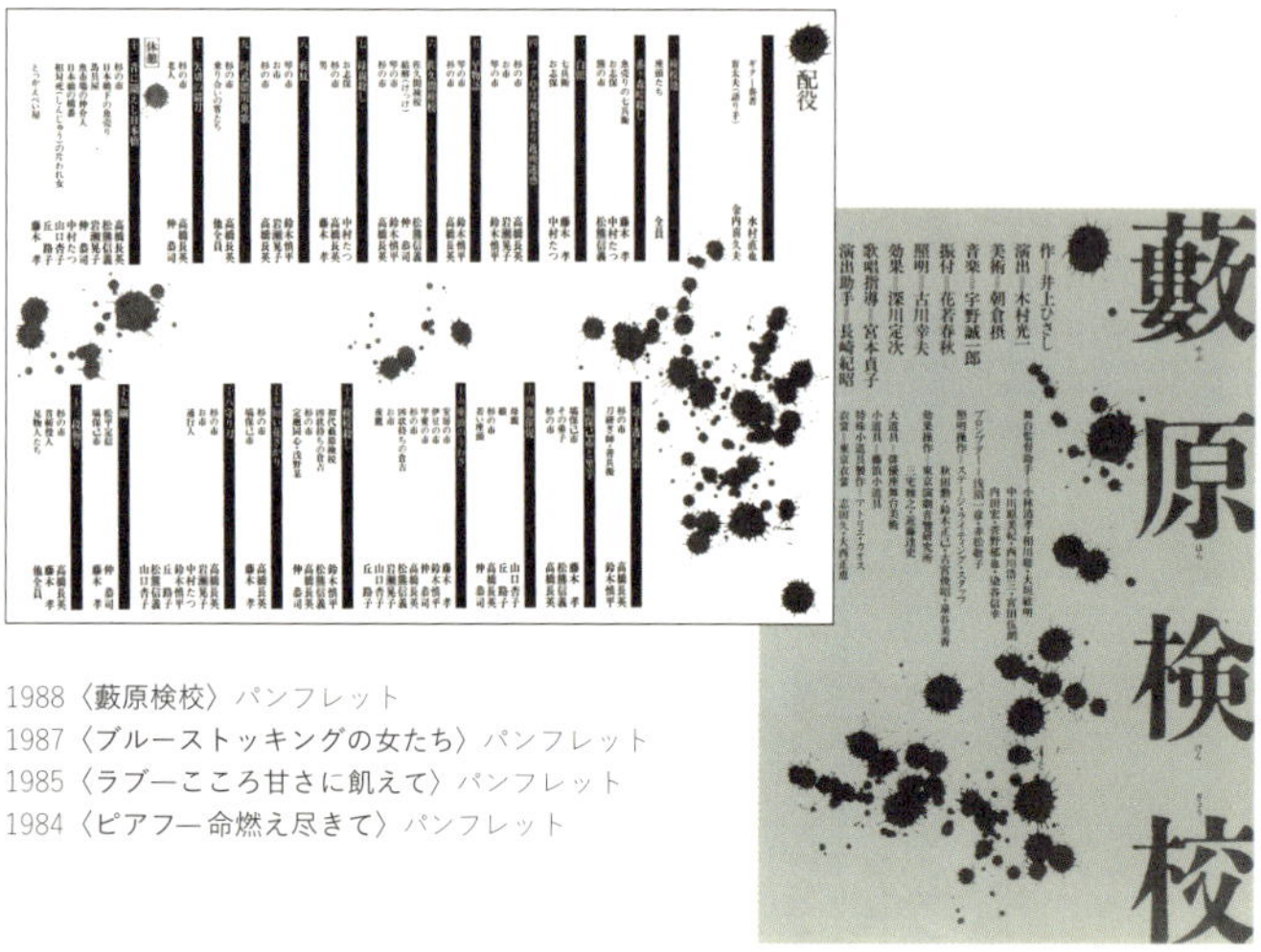

1988〈藪原検校〉パンフレット
1987〈ブルーストッキングの女たち〉パンフレット
1985〈ラブ—こころ甘さに飢えて〉パンフレット
1984〈ピアフ—命燃え尽きて〉パンフレット

けれど、デザインしていて一番自由さがあるし、開放感がある。展開や流れを考えるよりも、この画とかこの言葉とか、感覚的にターゲットが絞りこめるところに表現の面白さがある。デザインの遊びっぽいところがいいです。

ユニ　確かにそういった「パッケージもの」は、ディスクやリーフレットなどいくつかのパーツがあるという点でも、自由度が広がる気がします。その開放感のなかで、新しい物語が生まれるというか。遊びがたくさんできるし、買う立場でもそういう面白いデザインのものが欲しくなります（笑）。

小笠原　それがジャケ買いになるんですよね。本の装幀なんかも同じでどんどん買ってしまって本棚に積んである（笑）。そこにデザインの方法を越えた遊びの創造があるから魅了されるんですね。

＊

ユニ　役割はそれぞれですが、ウェブデザインという世界が現れてきてから特に、デザイン自体がドラマチックなものとしてよりも、情報伝達を見た目で整理するためのツールとしての側面が強くなってきているのではないかと思います。今回、〈劇的なもの〉に焦点を当ててお話をしてきましたが、「デザインでドラマを語る」ということがラディカルなテーマになっているのだと実感しました。ところで、小笠原さんは、今の映画やお芝居のビジュアルはどのように思われていますか。

小笠原　実感としては、マニュアル化した思考や、データ至上のシステムからは、そこにしかないという表現や、固有の遊びのような面白いデザインは生

1980〈機械仕掛けのピアノのための未完成の戯曲〉パンフレット
1978〈オーソン・ウェルズのフェイク〉パンフレット/1994〈中国映画祭94〉パンフレット/1992〈マリアの首〉パンフレット/2006〈映像が女性で輝くとき〉パンフレット
1993〈カネボウ国際女性映画週間〉パンフレット

まれないと思っています。自由に作っているようだけれど、とても窮屈な感じを受ける。それに、どれを見ても雰囲気が似ている。アイディアや技術で、印刷デザインとしてクオリティの高いものはあるけれど、発想の地点が違うから、スタイルはカッコいいけれど奥行きや温度を感じないですね。

ユニ　それは何故でしょうね…。デザインが情報だけで終始しているか、その情報にテーマが与えられているかどうかの違いなのかもしれませんね。世の中全体に、そういう「遊び」の許されない窮屈な雰囲気が蔓延しているのかもしれません…(笑)。

小笠原　映画もお芝居もそもそも作りものでしょ。虚構の世界ですよね。毎日ご飯を食べて生活しているこの日常と、フィクションの世界で体験するもうひとつの現実がある。鶴屋南北の『東海道四谷怪談』の、「戸板返し」のようなものです。あの世とこの世を行ったりきたり(笑)。その狭間に劇的なものが生まれてくるんです。何か得体の知れないもの、背筋がゾクッとするようなものです。ひらめきなど感じるもの、そういうものが形象化されてデザインのエレメントになるんですね。

ユニ　インスピレーションとかイマジネーションというデータにならないものがデザインの始まりなのですね。

小笠原　まず自分で何かを見つけることですね。ひとつのモノ、ひとつの言葉を探して自分の引き出しに入れておくんです。それがいつかデザインに繋がっていく。この日常には探すものはいっぱいあります。

[2017年3月10日　新宿カトル・ヴァン・ヌフにて]

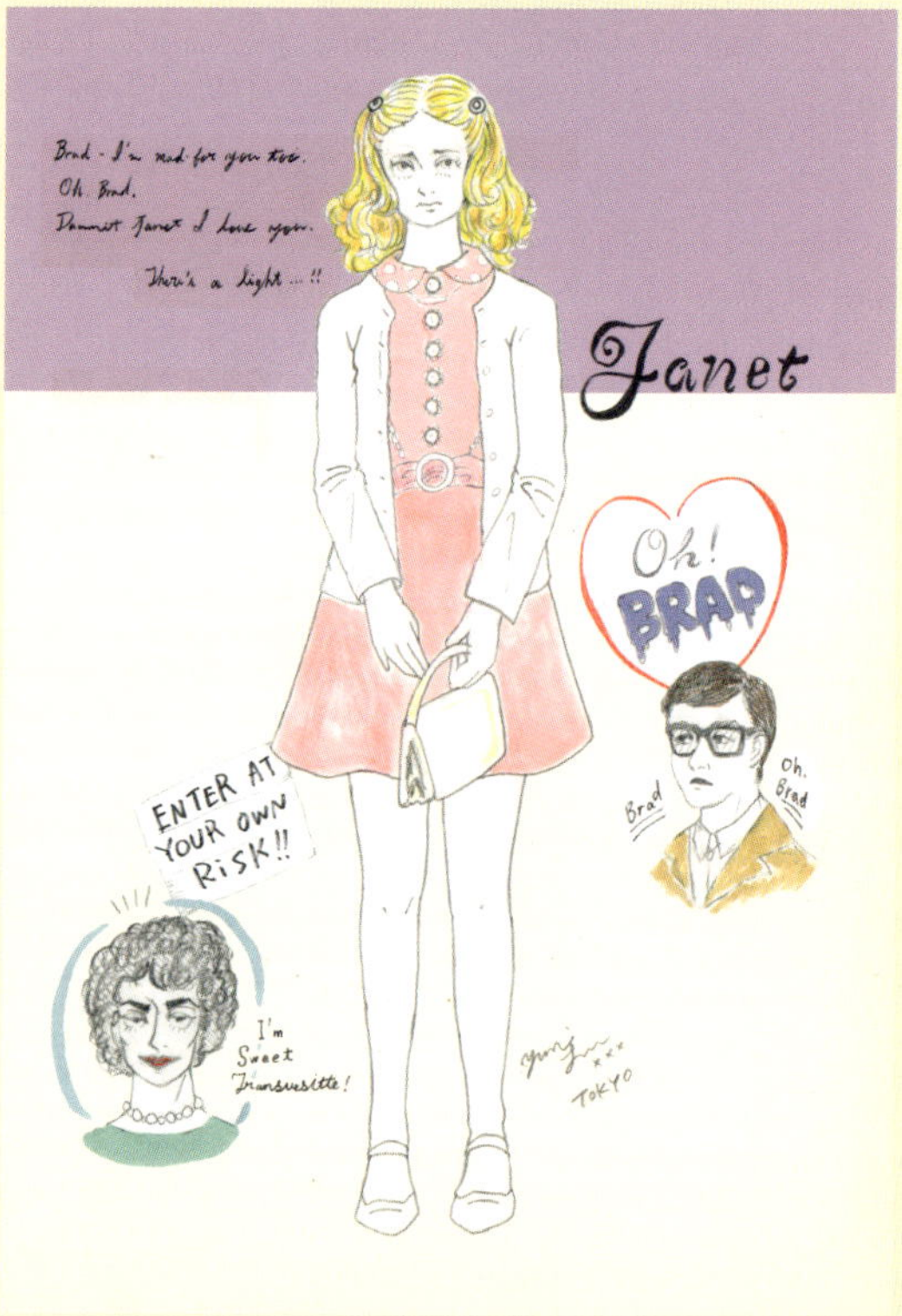

「**Accentuate The Negative**」 from "GHOST WORLD" (2016)
「**Dammit Janet!** 」 from "THE ROCKY HORROR PICTURE SHOW" (2017)
「**All work and no play makes Jack a dull boy**」 from "SHINING" (2017)
「**Margot Tenenbaum**」 from "THE ROYAL TENENBAUMS" (2015)

J&M Gallery

Vol.1 Lee Yuni

Illustration

李潤希 (Lee Yuni)

1988年生まれ。物心ついた頃から映画のポスターに囲まれて育つ。明治学院大学芸術学科映像専攻在学中より、イラストレーションやグラフィックデザイン、映像制作まで、音楽関係の包括的なアートディレクションを行う。卒業後、映画のフライヤーデザインや特集上映チラシなどのデザインを手がける。鎌倉市川喜多映画記念館『世界のクロサワとミフネ』『映画女優 原節子』、映画の宣伝美術として『ロッキー・ホラー・ショー』『EDEN』(武正晴監督)など。その傍ら、映画、女の子やファッションをモチーフにしたイラストも描く。登場するのは、何かに不満を持っていそうな(笑うことも媚びることもしない)三白眼の少女たち。その物憂げな雰囲気とは対照的なカラフルな色使いでまとめ上げられる。本誌のエディトリアルデザインに参加。

Artist Information

Official Web：www.leeyuni.com

go!go!vanillas「エマ」CDジャケット　CL:SEEZ RECORDS (2014)

「Ultra Dynamic Stroll On!」フライヤー　CL:Daijiro Sakawa (2013-2014)

「GIRLS Just Want To Have FUN」(2017)

「FOREVER Femme Fatale! -Dear Marianne,Mia,Layla,Patricia and Sally-」(2014)

短編小説『楽《らくび》日』作＝澤千尋

イラストレーション＝永嶋幹

映画館の終わりの日でした。

夕方を過ぎると、あついときもさむいときも、その街では船員と日雇いの男の人たちが、朝まで女の人とお酒を飲んだり、狭い部屋で一緒に過ごしたりします。

この街の映画館で働くたよ子は、朝七時四十五分に「彼果てて」という風俗店の前を過ぎ、七時五十五分に「ハナも涙も人妻よ」という風俗店の横を通ります。いつもは千鳥足で連れだって、家や船へと帰っていく男の人たちとすれ違うのですが、今日は誰ともすれ違いません。なぜなら、四年後の大きなお祭りの為この街にあるもの全て立ち退きしなければならなくなったからです。最初は嫌がっていた人も一人さり二人さり。残った数人の人たちへ「もう絶対に今日でおしまい」と、しやクソの人が言った日が今日なのです。

「いち、にー、さん、シー、ごくローさん」と、たよ子が道に落ちた生ゴミをよけながら歩いてきます。そうして道路ではなくバナナの上に着地します。はい、ぐちゃり。（あー、またシッパイ）たよ子は、汚れた靴の底を道にゴシゴシしながら横断歩道へ。と、立ち止まりました。向かいの風俗店に貼られた紙を見ているのです。

そこには「本日にて営業終了となります」とあります。

しばらくながめた後、たよ子は走って映画館へ、ガラガラっとシャッターを開けました。

たよ子の後ろから同じように歩いてくる人がいました。

向かいの風俗店で働くリナです。たよ子が店の前からいなくなるまで、リナは立ち止まって待ちました。たよ子が映画館のシャッターの中に消えると、リナは映画館の前まで行って、そこに貼ってある紙をながめました。

そこにも「本日にて営業終了となります」とあります。

「おーい、リナ」

店からヨウタが顔をだしてます。リナはいそいで戻り。

「あっちも今日までなんだって」

リナが中に入ると、ヨウタは誰もいない通りに向かって大きい声をかけます。

「どうですか？遊びませんか？」

彼の仕事は、客引きと言ってお客さんをお店に呼び込む仕事です。ヨウタにとってそれは人生で初めて与えられた役目でした。それも今日でおしまいです。

モップがけを終えると、たよ子は出札へ。そろそろお客がやってくるのです。

出札とはチケットを売る場所だと、前のおじいちゃん支配人は教えてくれました。今の支配人はそのおじいちゃん支配人の息子さんです。おじいちゃん支配人はとうの昔に亡くなりました。たよ子が、チケット売り場の灯をつけると、支配人がヨレヨレのワイシャツでやってきました。支配人は近頃、お酒ばかり飲んでいます。

「酒くさいですよ」

と、たよ子が言っても知らんふりで、野球の素振りのふりなどしています。

ちゃぽんと音がする方、机の上に袋に入った金魚がいます。

「どうしたの、これ?」

「もらいました、金魚のおじいさんに」

支配人はうらやましそうです。

「僕は、もらったことないのにな」

誰かが階段を上がってくる音がします。

たよ子と支配人は、しゃんと背を伸ばします。

「いらっしゃいませ」


屋上から下を眺めるのがリナは好きです。金魚のおじいさんとは、身体中から金魚を吊るして歩くおじいさんのことです。いつもこの辺りにいるのです。ほら、今日も耳から首から腕から、金魚の入った袋をいっぱいつるして。

(いつか、あの金魚もらえたらよかったのに)

後ろからヨウタがやってきました。

「店長もこねーし、客もこねー」

「誰もこないのね」

ヨウタは、紙袋からまだあったかい蒸しパンを出しリナに渡します。

そんなに遠くないところから、建物を壊す音が聞こえます。

「ホコリだらけだから、鼻の穴の中、真っ黒になんぞ」

日向ぼっこしながら、二人は蒸しパンにかぶりつきました。


映写室の窓から見ると画面がぼやっとしてます。たよ子は、慌てて映写機のレンズのピントをあわせます。ガタガタと動く映写機がある映写室は、冬はランプの熱であたたかく手を温めたり、洗濯物を干したりといろいろ具合がいいのですが、夏になると熱がこもって暑くて大変です。たよ子は事務所に避難しました。

「今、ピントずれたでしょう?」

と、テレビで高校野球を見ている支配人が言います。

「いいえ」

と、たよ子。しかしこと映写に関して支配人の勘は恐ろしく当たっています。

「今、何人?」

「えーと、満腹軒のおばちゃんと、フォークのおじちゃん」

支配人はテレビから目をはなしません。たよ子が手を伸ばしてテレビを消すと、支配人はぎゃーと悲鳴をあげています。


劇場の扉を開けると、フォークのおじちゃんがでてきました。

「終わりなんだって?仕事紹介しようか?」

「なんの仕事ですか?」

「ストリップ小屋の照明とか?」

「遠慮しときます」

エプロンをかけた満腹軒のおばちゃんも、でてきました。

「お昼、サンマーメン二つよ、出前」

と、たよ子が大きい声で言うと、おばちゃんは中国語で何事か言います。

「違う違う、スーラータンメンじゃなくて、サンマーメンよ」

おばちゃんは、何度もうなずいてでて行きます。

「そんじゃよ、俺、もういくからよ、よろしく言っといて」

名残惜しそうにロビーを見回し、フォークのおじちゃんも帰ろうとします。

「支配人に伝えます、あ、あ、待ってください、コレ、ハイ」

たよ子は、慌ててフォークをさしだしました。


裏口でおしぼり屋の小僧さんが納品書をヨウタに渡しています。

「ごくろーさん」

「毎度っ」

おしぼり屋の小僧さん、顔を赤らめ急いで出て行きます。

ヨウタが後ろを見ると、スリップだけのリナ。顔がこわばっています。

携帯電話で誰かと話しています。

「そんな、格好で、人前うろうろすんな」

リナは携帯を切り、ようやくそこに居るヨウタに気づいたようでした。

「あのさ、あの映画館、向かいの、行ったことある?」

「ねえよ」

どちらからともなくお腹が鳴る音がしました。


満腹軒は変わっていて、おばちゃんは中国語を話すのにお客さんは日本語を話します。けどそれで問題はありません。しかし外の人たちは、変だおかしいと言います。それだけでなくこの街は問題だらけだと眉をひそめます。けれど、この街とここに在る人たちにとって何も問題なことはないのです。

ヨウタが麺を一口食べ、首をかしげます。

「スーラータンメン頼んだよな?」

「サンマーメンだね、これは」

机の上には、エビチリの皿も。

「エビチリ頼んでないな?」

「頼んでない」

リナは、エビチリのエビを口いっぱいにほおばります。

(こいつは、俺が知ってる誰よりも美味しそうにエビチリを食うな)

リナと目があったヨウタは、ドキドキしてすぐそらしました。店には誰もいません、出前に行ってしまったのです。テレビでは高校野球が流れています。

「実は、俺、昔、高校野球で」

「中学までのくせに」

「・・・さっきの電話ってさ」

「うん、しやクソ」

気になるくせに、ヨウタはそれ以上聞いてこようとしませんでした。リナは、ヨウタのそうゆうところがとても好きです。だって下を向いて食べるリナの顔は笑顔ですから。


　事務所では、支配人がお箸をパリンと割りました。金魚鉢に移した金魚に餌をやってから、たよ子は麺の前に座ります。

「いただきます」

「いただきます」

「あれ、なんか、辛い?」

一口食べて、たよ子は首をかしげています。

「これ、頼んだの?」

机の上にエビチリの皿もあります。映画館のツケ払いなので支配人は不服そうです。

「あたし頼んでないですよ、これ、見てください」

たよ子が、見事に折り曲げられたフォークを支配人の前に置きます。

「危ないなぁ」

「これ、フォークのおじさん、曲げてくれたんです」

たよ子は、とてもうれしそう。

「えぇ?」

「だから、フォークを曲げる人ですよね?フォークのおじさんて」

「違うよ、あの人、フォークソング歌ってた人で、ほら、あの曲、なんだっけかなー」

「フォークソング?」

「そう、フォークソング」

「ほいでも、曲がりましたもの、フォーク」

二人は、目の前の麺に集中することにしました。

しばらくすると、おでこいっぱい汗をかいた支配人は、

「ね、これ、辛いよ、ほんとにサンマーメン?」

と、言いました。


　映画館の前、たよ子は洗った出前の皿を置いています。それを屋上からリナが見ています。ヨウタがやってきました。ヨウタがきた理由はわかっています。

「さっきの電話はね、わたしの父親が死んだよという電話だよ」

リナは聞かれる前に答えます。リナのお父さんは、リナが小さい頃に家をでていき、それきり何十年も会っていません。ただ、船員をしているらしいと親戚のおばさんが言っているのを、リナは昔、聞いた事があります。

(だからって、あたし、港に近いここで働いているわけではないし)

とリナはまだ父親を許せていないので自分にそういいきかせます。でもほんとうは・・。

「あのさ、葬式とか・・」

「わたし、映画館に行ったことないんだよ、一度も」


ヨウタはリナが泣いているかもしれないと思うと、怖くてリナの顔が見れません。

　出前の皿を置いて、たよ子は空を見上げます。建物のホコリやチリ、空がくもっています。向かいの屋上にリナとヨウタが座っているのが見えます。

(そろそろ映画終わっちゃう)

たよ子は、映写機を止める為に階段を駆け上がっていきます。


　支配人は、まだ昨日のお酒で頭が痛いので、近くのコンビニでオルニチン入りの飲み物を買ってきました。お父さんのその前の代から続けてきた映画館が終わると決まってから、毎晩お酒を飲みすぎてしまうのです。

(それも今日で終わりか)

お金が貯まれば、直したかったネオンの看板を見上げます。端っこのライトが落ちかけています。支配人が小さい頃、このあたりはまだ大きな建物もなく、港で船を降りた船員さんたちは、この映画館を目指して列をなしたものでした。

「あのっ」

振り返ると向かいの店の客引きの男の子がいました。走ってきたのでしょう、肩で息をして。

「今日、一番最後の回、何時からすか?」

「7時からだよ」

その子は、丁寧に支配人にお辞儀をして戻って行きました。そうして「どうすか、可愛い子いますよっ」と誰もいない通りに向かって声を張り上げるのでした。なんだか支配人は、その子を見ていると、毎晩お酒を飲んでいる自分が無性に恥ずかしくてたまらなくなるのでした。


　最終回の一つ前の上映中。たよ子は扇風機に向かってアーと声をふるわせ、支配人はテレビの前で居眠りをしています。たよ子はいつもであればこの昼と夜の間、夕方の回が一番好きです。しかし今日は。

(世界が、終わっていくようだ)

工事の人も家に帰り、映写機の音が聞こえるだけです。終わってしまった後よりも終わりに近づくこの時間が、きっといちばんかなしいとたよ子は思いました。


　日が暮れ、店のピンクのネオンがブーンとつきました。リナは屋上から下を見て、「カミサマ、カミサマ」と唱えました。

「カミサマは、上だろ」

と、いつのまにか後ろにヨウタ。

「下にもいるかもしんないじゃん」

「そいでさ、最後の回は7時だってよ」

えっ?と、リナが振り返ると、ヨウタは笑いながら屋上から出ていくところです。

「リナさん休憩入りまーす、映画館いくってさ、観てこいよ、ほら、行ってこいよ」

ふざけたヨウタ、その背中はピンクのネオンに照らされて、まるで。

（あぁ、ばかだな、ヨウタのやつめ、カミサマみたいだよ、ヨウタのやつめ）


「あるよ、あるよ、ラスト割引っ」

店の前ではヨウタが声を張り上げています。通りは真っ暗です。

リナが出て来ました。ヨウタ、金魚の袋をリナへ差し出します。

「じいさん、余ったんだってさ」

「わ、うれしい」

リナは金魚と一緒に、道をわたっていきました。


たよ子は出札にいます。「ちょっと買い物」と、支配人は外へ。支配人は見たくないのです最後まで空っぽな劇場を。そろそろ最終回が始まります。たよ子はハンコの日付を明日のに変えようとして（そうか明日は、ないんだ）と行き場のなくなった手を見つめます。

「一枚くださいな」

顔を上げるとリナがいました。たよ子は、おどろきました。毎日見かける向かいのあの娘。

話したこともなくこのままサヨナラかと思っていたあの娘。

それが今、目の前にいるんですから！

「ハイ」

たよ子の声が裏返ります。リナは少し笑って
「これ、どういう映画？」

「えーと、田舎のおじいちゃん死んで、最後お葬式で、みんなで見送るの、とてもいい話」

「それは、楽しみ」

リナはチケットを受け取り、劇場の中へと入って行きました。


映写室です。一台目から二台目の映写機へと動き出したのを確認すると、たよ子は止まった一台目の映写機の前にしゃがみこみ、なにやら作業し始めました。

場内にはリナだけです。映画を観ているリナの目から、涙が一つ二つ、こぼれ落ちました。横の椅子に置かれた袋の金魚がパシャンと跳ねています。


たよ子が事務所に入ると、いつのまにか戻っていた支配人が机の下に何かを隠しました。

「それなんですか？」

と、たよ子が机の下を見ようとするので、支配人は慌てて。

「ほら、今、なんか、したでしょ？映写室で」

「イイエ、何にもしてません」

たよ子、ポケットの上をこっそり押さえました。


映画が終わると、リナは小走りで階段を降りていきます。泣いて目が赤いのをあの娘に知られるのが恥ずかしかったのです。でも。

「あの」

振り返るとあの娘でした。追いかけてきていたのです。

「ちょっと感動して」

「これ」

ポケットから何やら出し、リナのほうへグイグイと差し出してきます。

リナが受け取ると、それはフィルムの切れ端でした。初めて見るものです。

「1秒に24コマ、それは6コマ」

「これ、もらっていいの？」

あの娘は恥ずかしそうに戻って行ってしまいました。

（ありがとうって言ってないのに）

リナは、ピンクのネオンにフィルムをかざしてみました。


事務所では、たよ子が今日の売り上げを数えています。

「最終回、何人だった？」

と、支配人が尋ねます。

「満席でしたよ」

と、たよ子は言いました。

支配人は少し笑って、なにも言いませんでした。


屋上で、リナがヨウタにフィルムの切れ端を見せてあげてます。

「もらったの」

下の道をたよ子が歩いていきます。手に黄色の花束持って。

「あの子は、花束もらったみたい」

「終わりだからだろ」

「これね、お葬式のとこなんだ」

「どんなハナシだ？」

たよ子の背中が、どんどん小さくなっていきます。

「そうゆうのいいよなぁ」

「みんなで見送って、みんなでさよならするって話よ」

リナが静かに泣き始めました。ヨウタが肩を優しく叩きます。

向かいの映画館の看板の明かりが、ポン、と消えました。


映写室の配電盤の前に支配人がいます。全ての電気を落としてから金魚鉢を抱えて出ていきます。扉が閉まると、あとは隅々までひっそりと。

映画館の終わりの日でした。その街では。

わたしが本作において一番好きなシーンは、もの凄くベタだが、一番最後のシーン。主人公である「ジェイ」と「ポール」が手を繋いで歩いて行く。その後ろを「IT」が追っていくという、ぱっと見、背筋の凍るバッドエンドのようにも解釈できる場面。最初わたしも「ああ、この手の話にありがちなやつか……」とがっかりしたものだが、ふたりの表情が晴れやかだったことにハッとさせられた。今までずっと背後を気にしていたジェイが振り返らずにまっすぐ前を向いている。ポールと共に微笑みながら、真っ直ぐ歩いて行く。それってもの凄く意味のあることなんじゃないだろうかと。あくまでわたしの解釈だが、「いつか訪れる死よりも、目の前の生が大切なのだ」というシーンのように思えて、胸を打たれた。いままでのジェイの行動。感情の動き。そして周りの状況。「IT」の存在を見て、死の恐怖には何も勝ることができないのか、と苦い思いだった。わたし達は死に怯え、縮こまり、その苦痛に耐えながら生きるのみなのか、と。けれども、そのシーンをみて、そうではないのだと感じた。死は怖ろしい。死がいつか訪れるという恐怖は、いつの時代も、すべての人間を苦しめる。──けれども。その恐怖に、目の前の「生」は打ち勝つことができる。「生きる」というエネルギーは、どんなものも凌ぐのだと。むしろ、死を強く自覚してこそ、生は輝くのだと──そうとまで思えた。

『IT FOLLOWS（イット・フォローズ）』との出会いから、わたしはホラーも食わず嫌いをせず、観なければと思った。映画、恐るべし。わたしはまだまだ、映画から学ぶことがたくさんある。そしてそれは、わたしが死ぬその時まで永久に尽きることがないだろう。そしてわたしが死んだ後も、映画は続いていく。それをとても嬉しく、楽しく思う。それこそ、生きると言うことは素晴らしいのだと、確信を持って言える。

「無題」枝広昌己

昔、映画館でバイトをしていた時の話。欽ちゃんこと萩本欽一さんが15分映画の5本立1本300円、料金は見た本数分だけ自己申告で払うという画期的な興行の初日。いつものようにラッパと呼ばれていた呼び込みに向った時でした。「ニュー東宝シネマ１では欽ちゃんのシネマジャックが上映中です。次の回は～」「だめだよーそれじゃあ」振り返るとあの欽ちゃんが肘を付きながらダメだし。笑顔の欽ちゃんが隣に来て、呼び込みを始めるとみるみる人が溢れました。でも欽ちゃんは有名人に群がる野次馬対応ではなく、人対人との対応で、どれだけ自分の映画が楽しいかを話していました。そして「いいよー。300円で全部みちゃってもさー」って欽ちゃんが言うと「ちゃんと払うよー」ってお客さんが劇場へ向かって行きました。その時が映画をより多くの人に観せる仕事がしたいと思った瞬間でした。

映画作品や映画館にまつわるエピソード、思い出、作品評などをお寄せください。
投稿はメールで
j.mamenoki@gmail.com まで。
タイトル「わたしの映画感」として、お名前、職業、年齢とともにお送りください。

「IT FOLLOWS（イット・フォローズ）」藤波透子　大学生・21歳

わたしはホラーというジャンルを、昔からどこか避けてきたように思う。単純に驚かされるのが苦手で、怖いものが好きじゃないというのも大きいけれど「化け物や幽霊、グロテスクな存在を出して、人を殺していけばいい」「驚かせれば良い」「見た目のインパクトが在ればいい」──そういう意識から生まれている作品が多いんじゃないか、というような大いなる偏見が強かったのだろう。今日はなんの映画を観よう、と映画館で放映される作品を調べていても、「ジャンル：ホラー」に位置づけられたものは片っ端から観る対象から除外してきた。

そんなわたしが『IT FOLLOWS（イット・フォローズ）』を観ることになったのは、同級生の「面白かった、絶対観たほうが良い」というひと言だった。普段のわたしなら、たとえそう勧められても、ホラーだと知ったら相づちをうって終わりにするのだが、彼に今までおすすめしてもらった映画はたしかに外れがなかったし、映画の善し悪しにはとても厳しいひとだと知っていたので、ホラー嫌いのわたしも少し興味が湧いた。……といっても、なかなかひとりで観ようとは踏み出せなかったのだけれど、友人から勧められた子が一緒に観ようと手を引いてくれたので、少々怖じ気づきながらも鑑賞することにしたのだ。

以下、物語のストーリーに触れるため、まだ観ていないという方は是非、作品を鑑賞した後、読み進めていただきたい。

結論から言って──面白かった。どこまでも姿を変えながら、追ってくる「IT（それ）」の存在は怖ろしかった。幽霊だとも、化け物だとも断言しがたい、不可思議な「IT」。何より気色悪かったのは、それが人間の姿をしていることだった。そして、捕まったら必ず死ぬという決定事項。ターゲットは皆、「IT」の存在を気にして周りを警戒し、振り向く。「IT（それ）」の存在は、「死」そのものを彷彿とさせた。

死。それはわたし達が生きているかぎり絶対に逃れることのできないもの。皆永遠を生きることは出来ないし、生きれば生きるほど死は近づいてくる。生きながらえれば生きながらえるほど、死は迫ってくるのだ。わたしは「IT」の存在に、強くそれを感じた。抗うことのできない強力な存在。作中では、「IT」に対する決定的な対抗策は存在しない。「IT」は攻撃を受け、負傷することはあっても死なないし、対象者をずっと「FOLLOW」する。ただひとつ、性行為をすることで、一時的にターゲットを「うつす」ことができる。性行為をした相手を、「IT」は追っていく。そしてその対象が死ぬと、再び前のターゲットに標的を「うつす」。

わたしはこの仕組みにも、「生と死」を感じた。死から逃れることはできないが、人間は「命を繋いでいく」ことはできる。それによってある意味「生きることが出来る」ように思うのだ。死に打ち勝つのは、生きるということでしか有り得ないとわたしは思う。

第2回

映画館探訪

取材
柳下美恵
（サイレント映画ピアニスト）

シネマ尾道

尾道駅前にあるシネマ尾道。尾道は、小津安二郎監督が『東京物語』（53）を、新藤兼人監督が『裸の島』（60）を、大林宣彦監督が『転校生』（82）を撮った「映画の街」。一時は商店街がシャッター通りと化していたと聞くが、今では全国各地から移住する若者が増え、雑貨の店やカフェが並ぶ。シネマ尾道がオープンしたのは08年10月18日。48年に松竹が芝居小屋を映画館（尾道松竹）に改装し経営するも、閉館に追い込まれてから7年後のことだ。空きビルを映画館に再生させたのは現支配人の河本清順ら仲間で立ち上げた「尾道に映画館をつくる会」（現在はＮＰＯ法人シネマ尾道）。劇場入口にはレトロな木のベンチ、可愛らしいキップ売り場。館内には映写機が展示され、スクリーン前には黒いアップライトピアノがある。劇場の一室にて、河本支配人に話をうかがった。

「映画の街」なのに映画館がない街

柳下　シネマ尾道がオープンした経緯は。

河本　50～60年代にはこの狭い街に20館ほどの映画館があったのですが、やがて尾道松竹1館だけになり、それも01年に閉館しました。尾道は「映画の街」と呼ばれながら映画館がなくなってしまったんですね。当時の尾道には映画館を残そうという動きは全くなく、私も映画館がなくなったことを報道で知るくらいでした。私の実家は飲食店を経営していたのですが、観光客に口々に「映画の街なのになぜ映画館がないの?」と言われたり、県外の人に尾道出身だと言うと「映画の街だね」と言われたりすることが重なって、だんだん自分の街に映画館がないことに違和感をおぼえるようになりました。そこで副支配人の北村君たちと「映画館を立ち上げたら面白いよね」という話をしたのが、映画館運営に携わるきっかけです。

全国の映画館を訪ねて

河本　当時は20代でお金もノウハウもありませんから、実際にいろんな映画館の人に話を聞いてみることにしました。調べてみると、市民が募金で立ち上げた映画館があって、そのさきがけが新潟のシネ・ウインド。ほかにも大阪シネ・ヌーヴォや京都シネマなど、全国各地の映画館を訪ねました。そのなかで尾道の人口を聞かれて、（当時）15万人と答えたら「30万人いないと1スクリーン成り立たないと言われているよ」と助言をいただくこともありました。でも、そうすると小さな街に住む人たちは映画館で映画を観られないということになる。そんな時に埼玉県の深谷シネマに行ったら、深谷市は尾道とほぼ同じ人口なのにけっこうお客さんが入っていたんです。深谷シネマは市民ボランティアの方がわいわいお手伝いをしているようなアットホームな雰囲気で、こういうスタイルなら尾道でも……と希望が見えました。

柳下　それが05年頃ですね。

河本　仲間たちと話し合って、尾道の人たちが映画を観る面白さを忘れてしまっているから、まずはスクリーンで映画を楽しめる活動しようということになり、2ヶ月に1回ほど公共ホールを借りて上映会を行うことにしました。最初に上映したのは侯孝賢監督『珈琲時光』（04）。『東京物語』をオマージュした映画で、少し難解な作品なのでお客さんの反応がすごく不安だったんですが、案の定、お客さんの目が点に……（笑）。でも、「映画の街に映画館を作る」ということが話題になってテレビや新聞が取り上げてくれて、690席が満席になりました。その2ヶ月後に『父と暮せば』（04）を上映したら、今度は2回上映で800人来たんです。尾道の人はみんな、映画を観たいという欲求があるんだ、と大きな手応えを感じました。

上映作品選びに想うこと

河本　上映会の作品をどうやって選んだかというと、映画館が立ち上がったらミニシアター系の作品を上映することになるので、市民の方へのプレゼンテーションの意味合いもありました。地方ではメジャーな映画しか上映されないけれど、映画には多様な作品があることを知ってほしいという想いを込めて。

柳下　昨日食事をした飲食店のご夫婦が、シネマ尾道でポケモンをやったら子どもが観に行くだろうし、昔の東映時代劇や日活青春映画を上映すれば自分たちも観るんだけど、と話していました。河本さんは娯楽作よりミニシアター系のアート作品を上映したい？

河本　それはないです。本心では東宝映画もジブリも上映したい。大手映画会社の作品にも良質な作品がたくさんありますから。ただ現状では、小さな街のお金がないＮＰＯが運営しているので、このラインナップになっているという事情があります。それと、そのお店の方が言うような昔の娯楽映画も上映したい気持ちはあるのですが、実は旧作は1回200人入らないと採算が取れないんです。尾道で200人はかなり難しい。正直、旧作よりも圧倒的に新作の方がお客さんは入ります。コスト面がクリアできれば、大手の作品も昔の娯楽作も、尾道の人にスクリーンで観てもらいたいという気持ちはいつもあります。

オープン直前の火事で映写機が燃えた

柳下　開館直前に火災にあった、という話を聞いたのですが。

（右上）キップ売り場前に立つ河本清順支配人（右下）フィルムとデジタルの映写機が共存する映写室（左上）尾道空き家再生プロジェクトが小学校の椅子で作ってくれたベンチ

河本　映画館を作ろうとしていた00年代後半は、全国的に映画館がどんどん閉まっていく時期だったので、つながりのある映画館や映写機メーカーに、映写機を譲ってくれるところはないかと聞いて回ったんです。最初に機材を安価で譲ってくださったのが岡山のキリンシネマ。業者に頼むとお金がかかるので自分たちで運びました。当時はまだ私たちが若いこともあって大家さんに信用されていなくて（シネマ尾道がある）この場所を借りられていなかったので、地元の会社の社長さんが映写機を資材置き場に置かせてくれました。ところがその倉庫で火災が起きてしまった。08年の元旦でした。周りの人たちは「これで映画館を作る活動をやめるだろう」と思ったらしいです。だけど私は全く諦める気はありませんでした。火事が報道されたこともあって寄付も集まってきて、しばらくしたら大家さんも「3年も4年も活動を続けているのだから映画館も続くかもしれない」とようやく貸してもらえることになりました。改装するのにもお金がないので、設計士さんと相談しながら建設費を一円でも安く抑えるよう工夫しました。

柳下　紆余曲折があって、応援されて08年にオープンですね。

河本　08年4月のオープン予定を、火事もあったので秋頃に延期していました。でも10月になってもまだ寄付の目標額が集まっておらず、オープン後も募金を続け、最後に映画館の売り上げを足して、なんとか払えたという感じ。お金が集まってないのに工事を始めたんですよ。今考えれば恐ろしいことで……（笑）。

みんなで作り上げた映画館

柳下　シネマ尾道には内装に手作り感がありますね。すごく可愛くて好きなのですが、これは河本さんが意図したもの？

河本　みんなの意見もたくさん入っています。館内の配色は尾道市立大学の美術の先生。トイレのタイルなどは空き家再生プロジェクトに任せました。

オープン後もボランティアのアーティストさんが手伝ってくれて、料金表やトイレのポップも、誰かが「あったほうがいいんじゃない?」としぜんにできていく感じ。

柳下　それでも雰囲気が統一されているのは、みんなのイメージが同じなの?

河本　全員それぞれ個性が強いですけど、最終的にセレクトするのは私なので、ある程度の統一性はあるのではないでしょうか。お金はかかっていません。料金表も段ボールですし（笑）。

柳下　そういうボランティアさんは、お客さんとして今でも来てくれますか?

河本　来てくれます。もともとボランティアのほぼ全員が学生だったので、8年経ってそれぞれの道に進みましたが、今でも尾道に来たら寄ってくれるので嬉しいです。

子どもの郷土愛を育むのも映画の役割

河本　『東京物語』上映とワークショップは毎年行っていて、今年で4年目。尾道の子どもたちに、人生で一度は必ず『東京物語』をスクリーンで観る体験をしてほしいんです。17年3月には市などと実行委員会をつくり尾道映画祭を立ち上げます。第1回目の主軸は尾道ロケ映画『雪女』。こういう企画を通して、子どもたちが自分の街ってステキな街なんだという郷土愛を育むのも映画の役割だと思っています。

柳下　河本さんの目標や夢を聞かせてください。

河本　映画の街・尾道で、毎日映画をかけて、地元の人が普通に映画を観られる場所を継続させていきたいです。それから、尾道の教育に映画を盛り込むこと。尾道の子どもたちが映画の授業を通してしぜんと街のことを知ってもらい、情操教育につなげたいですね。

柳下　来年で開館10年を迎えるわけだけど、100年くらいの歴史を駆け抜けてきたようなドラマがある映画館、そして河本さん（笑）。これからも走り続けていってくださいね。

［2016年10月31日 シネマ尾道にて］

長野松竹相性座・ロキシー

長野市の善光寺のお膝元、権堂アーケード通りにある長野松竹相生座・ロキシー（以下相生座）。長野市は中心街に3館の単館映画館とシネマコンプレックス（以下シネコン）がある。人口38万人の中規模地方都市で映画館が4館も残っているのは珍しい。1892年に千歳座という芝居小屋が生まれ、1919年に長野演芸館（現在の長野映画興業株式会社）が買収し映画館になった。名称は相生座。73年に相生座を仕切ってロキシーを併設、84年にミニシアターを増設してロキシーが2館に。運営会社の長野映画興業は2017年12月25日に100周年を迎える。話をうかがったのは支配人の田上真里さん。

自主上映活動を経て相生座へ

柳下　田上さんが相生座に入社した経緯は?

田上　もともと長野東映で働いていました。シネコンが広がる前のミニシアターブームの頃、東映や松竹などの大手作品に加えて独立系の良い作品も

（右上）相生座客席（右下）1892年開場当時の梁が残る劇場（左上）左から支配人の田上真里さん、映写チーフの春原大希さん、企画・広報担当の高橋恵里子さん

あるのに長野で観られないのはもったいないと思い、長野東映で働きつつ、02～03年あたりから映画館を借りて自主上映会を始めました。メンバーは友人や他の映画館のスタッフで、20、30代の10人くらい。チケットを手売りして、上映会は5年ほど続けました。シネコンが増えてきた06年頃、映画館の体制がどんどん変わっていき、東映や松竹などの直営館が直営であることをやめて、大手の映画会社がシネコンに作品を入れるようになって…。

柳下　その頃、田上さんはどういう立場に?

田上　東映を辞めてNPOで働きながら自主上映を続けていました。NPOでは行政や企業と市民をつないだり、市民活動を応援したりしていたのですが、映画にしても世の中に対しても、いろいろと疑問を感じていた時期だったんですよね。行政や企業にできることに限界を感じたり、環境ドキュメンタリー映画を観てこういう映画もあるんだなと考えたり。そんな中で、みすずかるしなのNAGANO映画祭にボランティアで参加して知り合った、現在の会社（長野映画興業）の上司に声をかけられて相生座に入社しました。

古い体制を一新、お客さんを大切に

田上　当時の相生座には松竹直営館時代からの支配人がいらっしゃって、私は企画広報で入りました。その頃は松竹の作品をメインに、ワーナーやFOXなど大手メジャー作品を多く上映していました。

柳下　現在のようなミニシアター的なラインナップになったのは、田上さんが支配人になった08年から?

田上　そうですね。配給会社からすれば大手メジャー作品はシネコンで上映したいので、うちのような単館の劇場は、上映できる作品の中からお客さんが入りそうなものをチョイスする流れになりました。相生座は3館あります。当初は数ヶ月に1回は松竹の配給作品があったので、それを柱に、小さい劇場では旧作をかけ、もう一つの劇場はミニシアター作品と3本柱で行くつも

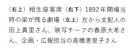

りでした。ですが、どんどん厳しくなっていって、人件費や古い体制の見直しをしました。それまでは映画全盛期の頃の名残というか、お客さんに「見せてあげる」という空気がまだ残っていたんですよね。だからサービスの見直しをして、お客さんとの交流を大切にしようと皆で一丸となったんです。

柳下　ご自分が支配人になれば責任を負うわけで、方針を変えることに不安はなかった？

田上　不安はもちろんありましたので、役員と相談しながら進めました。社長や専務などの役員は、劇場専従ではありません。役員はそれぞれ、飲食業やパチンコ業など、別の業種を専門としているため、私の知っている古い映画業界の考え方とは違っていたんですよ。その考え方とは、お客様第一主義。私はずっと映画業界にいたので、役員のお客様に対する接し方、スタッフの気持ちの在り方が新鮮でした。もともと長野映画興業は劇場を配給会社に貸す〝おおやさん〟だったのです。個人館として運営しているのは、ここ10年くらいで、それまでは大映や松竹の直営館として、支配人が派遣されていました。

柳下　あらためて自分たちの手で映画館をやろうとなった時に、映画業界の外にいたから古い体質にノーが言えたんですね。

100周年に向けてイベントが目白押し！

柳下　長野の街は、歩ける距離に映画館が4館も残っていて、すごく珍しいですよね。

田上　それぞれ特色がありますね。4館で北信親映会という会を作っていて、春休みや夏休みに子ども向けの映画の割引券を学校に送るんです。そうすると割引券を持っていろんな映画館に来てくれます。あとは支配人同士でお花見をして、情報交換をしたり。

柳下　相生座に集うお客様は女性が多い？

田上　男性のお客様もよくいらっしゃいますよ。もちろん女性も。中高年の女性が日にちを決めて数人で集まって映画を楽しんでいたり。

柳下　イベントをたくさん組んでいるのは、田上さんが支配人になってから？

田上　そうですね。ゲストが来てくださるとお客さんが喜んでくださるし、やっぱり動員も増えるので。

柳下　印象に残ったイベントはありますか？

田上　印象に残ったのは…選べないなあ。全部いいんですよね、一期一会で。

柳下　100周年に向けて、この1年間はイベントが多くなると思いますが、どんなものが？

田上　寅さんの『男はつらいよ』第1作〜5作、長野県信濃美術館との共催イベント、門前映画祭でアニメーション作家の作品上映、『蒲田行進曲』『時をかける少女』などの角川映画祭、台湾映画祭、ドキュメンタリー映画祭、戦争映画特集、無声映画活弁上映。「日活ロマンポルノリブート」では、男性の目を気にしないで観られるレディースデイも作ります。

柳下　わ〜忙しそう（笑）。歴史もジャンルも横断する映画が観られそうでワクワクします。これからも頑張ってください、応援しています。

［2016年12月26日　長野松竹相生座・ロキシーにて］

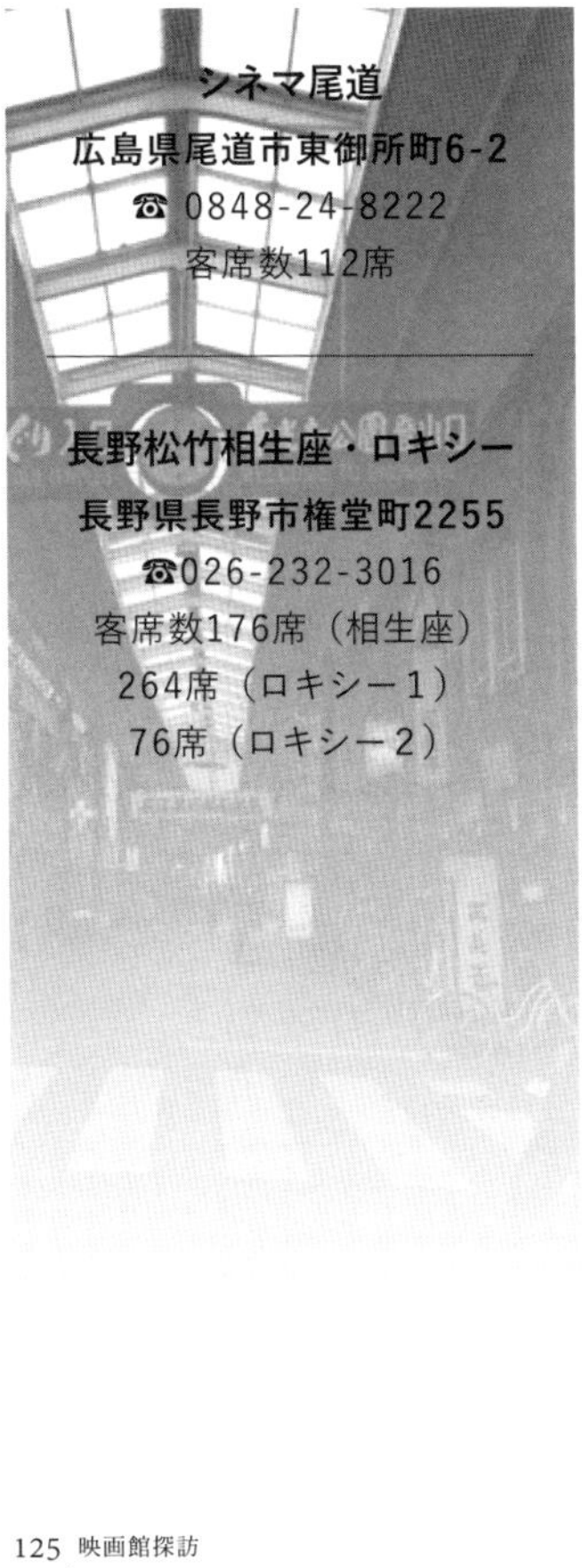

シネマ尾道
広島県尾道市東御所町6-2
☎ 0848-24-8222
客席数112席

長野松竹相生座・ロキシー
長野県長野市権堂町2255
☎026-232-3016
客席数176席（相生座）
264席（ロキシー1）
76席（ロキシー2）

執筆者・スタッフ プロフィール （五十音順）

粟野夏美（あわの・なつみ）
1993年、東京都生まれ。武蔵野美術大学映像学科卒業。写真を撮っている。

秋山京子（あきやま・きょうこ）
1967年、静岡県生まれ。グラフィックデザイナー。コンピューター会社デザイン部勤務の傍ら、小笠原正勝主催の「映画演劇デザイン塾」を受講。2000年よりフリーランス。主に映画関係全般の宣材デザイン、DVDパッケージデザイン等を手がける。

植草信和（うえくさ・のぶかず）
1949年、千葉県生まれ。70年、キネマ旬報社に入社。91年に本誌編集長、96年に取締役編集主幹に就任。キネマ旬報本誌600冊、その他ムック、書籍50点を編集。2001年、中国映画『山の郵便配達』を輸入。02年、キネマ旬報社退社。04年、角川文化振興財団アジア映画資料準備室室長就任。06年、映画製作・配給会社の太秦株式会社を設立し専務取締役に。14年、太秦株式会社非常勤顧問。同年、広島市映像文化ライブラリー評議員。

小笠原正勝（おがさわら・まさかつ）
1942年、東京都生まれ。グラフィックデザイナー。東宝アートビューロー（現・東宝アド）では演劇のデザインを担当。76年、フリー。ATGの映画ポスターを制作、『股旅』はカンヌ国際映画祭ポスターコンクールでグランプリ受賞。また岩波ホールのエキプ・ド・シネマや、フランス映画社のバウ・シリーズのアートワークに携わる他、歌舞伎座を始めとする演劇ポスターも数多く制作。本誌「ジャックと豆の木」では企画・責任編集を務める。

海保竜平（かいほ・りゅうへい）
1967年、京都市生まれ。幼少期をナイジェリアで過ごす。多摩芸術学園・写真学科（現・多摩美術大学・芸術学科）卒業後にイギリスへ渡る。帰国後フリーランスに。ポートレイト、CD ジャケット、ライヴや俳優のアーティスト写真等を撮影。料理写真や旅行雑誌の分野でも活動中。また、歌舞伎役者・中村獅童氏をデヴューの頃から撮り続けている。自ら書いた文章と現地で撮影した写真による「指差し会話シリーズ・イギリス×ビートルズ」（情報センター局刊）の著作あり。

岸本麻衣（きしもと・まい）
1989年、埼玉県生まれ。4月28日OPENの服作りに特化したFab施設「andMade.kitasando」勤務。映画・テレビドラマ・文学・アートの狭間を彷徨っています。

小林幸江（こばやし・さちえ）
1980年、長野県生まれ。フリーライター。印刷会社に営業として勤務後、編集プロダクションにてインテリア誌の編集、制作会社にて広告ディレクションなどを経てフリーランスに。広告、雑誌等で編集やライティングを行なっている。好きな映画はハル・アシュビー監督『ハロルドとモード 少年は虹を渡る』。2児の母。

佐々木淳（ささき・あつし）
フリーエディター&ライター。東京国立近代美術館フィルムセンター客員研究員。1987年より映画パンフレットの編集者として年間15～20冊の編集を手がけるほか、映画書籍や関連媒体の企画編集に携わる。主な編書に「KIHACHI フォービートのアルチザン　岡本喜八全作品集」「東宝75年のあゆみ」「DVD キェシロフスキ・コレクション／キェシロフスキと私」「TOKYO FILMeX 公式カタログ」など。

澤千尋（さわ・ちひろ）
1981年、横浜生まれ。シネマ・ジャック&ベティ勤務。脚本を勉強中。

助川祐樹（すけがわ・ゆうき）
1980年、茨城県生まれ。写真家。

塚田泉（つかだ・いずみ）
1964年、長野県生まれ。フリーライター。大学卒業後、出版社、編集プロダクション勤務を経てフリーランスに。「キネマ旬報」、「ELLE JAPON」、劇場用パンフレットなどに寄稿する他、ときどき編集も。2人の娘あり。

永島明（ながしま・あきら）
1946年、東京都生まれ。6歳の頃より写真を撮り始める。高校卒業後カメラマンのアシスタント、デザイン会社等を経て独立。70年、デザイン会社設立、現在に至る。実質カフェとバーの経営の傍ら趣味としての写真を楽しんでいる。ニューヨーク、NOoSPHERE Arts Galleryに出品。ルーブルで開催の「fotofever」に出品。マスミ東京「墨繪寫眞」展。文藝春秋画廊「墨ゑ展」。

はらだ たけひで
1954年、東京都生まれ。絵本作家、岩波ホール企画・広報担当。高校卒業後、現代思潮社主宰「美学校」で現代美術の松澤宥氏に師事。75年に岩波ホール入社。89年、「パシュラル先生」（産経児童出版文化賞入賞）で絵本作家デビュー。92年、「フランチェスコ」で日本人初のユニセフ=エズラ・ジャック・キーツ国際絵本画家最優秀賞受賞。絵本・著作のほか、挿画作品も多数。映画では佐々木昭一郎監督『ミンヨン 倍音の法則』の企画・プロデュースを担当。

北條誠人（ほうじょう・まさと）
1961年、静岡県生まれ。ユーロスペース支配人。大学在学中から映画の自主上映に携わる。85年、ミニシアターの草分け的存在であったユーロスペースで働き始め、87年から支配人を務める。ミニシアターの草創期から現在までの約30年間をミニシアターとともに駆け抜けてきた。最近は特集上映「原爆と銀幕」(16)、「実相寺昭雄の光と闇」(17) を担当。

柳下美恵（やなした・みえ）
愛知県生まれ。サイレント映画ピアニスト。武蔵野音楽大学卒業。ジャンルを横断した文化の拠点、スタジオ200に勤務後、サイレント映画の伴奏に携わる。デビューは1995年、朝日新聞社主催の映画生誕100年『光の誕生！リュミエール』。国内、海外の映画館、映画祭などであらゆるジャンルの映画を伴奏。ピアノ常設館、横浜シネマ・ジャック&ベティで1週間上映するなど映画館の通常上映を目指している。2006年度日本映画ペンクラブ奨励賞受賞。趣味は温泉と海。

山岸丈二（やまぎし・じょうじ）
1970年、東京都生まれ。写真家・横浜映画研究家。普段は会社員。2007年、シネマ・ジャック&ベティの再建にボランティアとして参加。同館の横浜映画特集などの作品選定にも協力し、横浜みなと映画祭の実行委員を務める。横浜の街を歩き、失われる街角を写真に収め、裏町を探訪し歴史を掘り起こし、横浜で撮影された映画のロケ地探訪をライフワークとしている。今年は初の個展である写真展「横濱 無くなった街角」を開催予定。

編集後記

映画を映画館で観る魅力は何かと問われて、「見知らぬ大勢が集まって、暗闇の中でひとつのスクリーンを見つめること」と答える人は多い。本冊子のインタビューでは、山上徹二郎さんはそれを「アジール」と呼び、志尾睦子さんは「ひとりだけど孤独ではない」と言っている。映画館に行った人なら誰でも経験したことがあるだろう、ひとりだけれど誰かがいて、誰かがいるけれどひとり、という感覚。考えてみれば、自分だけひとりで部屋の中にいながらいつでもネットで世界中と繋がれるという（現代では当然の）状況とは、全く逆を行く魅力である。あ、でも、ひとりで映画館に行くのが苦手と言う人もいるなあ。しかしやっぱり、何人で行っても、真っ暗な中でスクリーンを見つめるその時は、なんとなくひとりなのだ。（小林幸江）

〈**資料提供**〉安藤ニキ／池谷薫／石子順／海に浮かぶ映画館／大澤一生／小笠原正勝／熊谷博子／公益財団法人川喜多記念映画文化財団／CJ CAFE／志尾睦子／シグロ／シネマ・ジャック＆ベティ／杉野希妃／シネマテークたかさき／中村高寛／早川書房／双葉社／山上徹二郎／山岸丈二／横浜都市発展記念館／横浜みなと映画祭実行委員会／ヨコハマ映画祭実行委員会／和エンタテインメント
(五十音順)

映画と映画館の本
ジャックと豆の木
創刊2号

発行人	梶原俊幸
責任編集	小笠原正勝
編集	小林幸江 植草信和 山岸丈二 塚田泉 岸本麻衣
協力	北條誠人 佐々木淳 柳下美恵 ユーロスペース 日本映画大学
アートディレクション	小笠原正勝
デザイン	秋山京子 李潤希
撮影	助川祐樹 海保竜平 永島明 山岸丈二 粟野夏美

創刊2号　2017年 4月28日　発行
発行＝シネマ・ジャック＆ベティ
神奈川県横浜市中区若葉町3-51
TEL045-241-5460　FAX045-252-0827

印刷＝株式会社三秀舎
東京都千代田区内神田1-12-2
TEL03-3292-2881(代)　FAX03-3292-2884